AF481666

Origen y ascenso
de la burguesía chilena

Sergio Villalobos

Origen y ascenso de la burguesía chilena

EDITORIAL UNIVERSITARIA

Visite nuestro catálogo en

www.universitaria.cl

ÍNDICE

Una palabra controvertida ... 11

El problema del lenguaje ... 13

Etapas de la burguesía ... 16

Una artistocracia de rasgos burgueses ... 20

La ética colonial ... 23

El modo ejemplar de un comerciante ... 26

Una actitud de transición ... 31

Prolongación del antiguo estilo ... 35

Carácter de la aristocracia colonial ... 37

Extranjeros en la etapa republicana ... 41

Comerciantes y mineros chilenos y extranjeros ... 46

Las fortunas burguesas ... 54

La nueva ética burguesa ... 58

Lambert, Meiggs, Edwards y Bunster: casos notables ... 63

Fusión de la aristocracia y la burguesía. Posesión
de la tierra ... 70

Influencia y encanto de la burguesía europea ... 78

Persistencia de viejos valores ... 83

El gran modelo francés   85

Mansiones y fantasías   91

Fiestas inolvidables   99

El embrujo burgués   106

Características de la burguesía chilena   107

Maximiano Errázuriz y su trayecto de buen burgués   113

Los hijos de Errázuriz   128

Regreso de un trasplantado   138

El predominio de la oligarquía   143

Personajes de la cúspide   148

ORIGEN Y ASCENSO DE LA BURGUESÍA CHILENA

Una palabra controvertida

En el lenguaje de nuestra época, profundamente influido por toda clase de doctrinas y animosidades, burguesía es una expresión de condena que se lanza sobre una clase social de vieja raigambre histórica.

Para muchos, ella resume todos los males del mundo, es la culpable de la explotación de las masas proletarias, de su pobreza y abyección y la constructora del imperialismo con todas sus calamidades. Sería imposible negar que hay mucha verdad en esos fenómenos; pero ninguna verdad es muy simple: hay matices, variaciones y relativismo y, más que nada, verdades complementarias. Pensarlo así requiere de independencia y de un esfuerzo de lucidez que son indispensables en cualquier aproximación científica.

¿Por qué, para decir toda la verdad, jamás se pone énfasis en el notable papel económico de la burguesía como elemento del progreso material, del desarrollo de la ciencia y la técnica y de la transformación acelerada del mundo? Debemos reconocer que con su individualismo egoísta y como clase capitalizadora fue la promotora del desenvolvimiento económico e indirectamente de una mejoría en todos los sectores, incluidas las masas laboriosas, aunque parezca lo contrario.

Mediante un esfuerzo de imaginación deberíamos suponer lo que habría sido Chile y lo que seríamos hoy si no hubiese habido en el siglo XIX un dinámico grupo de mineros del cobre y de la plata en Atacama, pioneros del ferrocarril y la navegación a vapor, industriales arriesgados y banqueros activos. Ellos fueron los que juntaron capitales, realizaron inversiones, exploraron el territorio, trajeron técnicos y maquinarias y expusieron su fortuna en negocios audaces. Sin ellos habría que imaginar un país de tono rural y atrasado.

Hablamos de un papel histórico y no de una situación actual, en que las cosas pueden ser pensadas de manera distinta de acuerdo con otras ideas, valores y mecanismos de acción. Distingamos entre el estudioso del pasado, obligado a entender las épocas precedentes en sí mismas, del ciudadano de ahora provisto de otra conciencia y planes, por más que su pensamiento arranque de la experiencia pretérita. La historia conforma nuestras ideas, pero éstas no pueden deformar la historia.

En las páginas que ahora presentamos no debe buscarse una condena de la burguesía, sino simplemente una caracterización de ella en sus diferentes momentos, en el afán de comprender lo que ella fue. Con el propósito de adentrarnos en su realidad material y mental hemos procurado evitar prejuicios y, conforme un postulado básico de la teoría de la historia, nos hemos acercado a ella en una actitud comprensiva como única manera de captar sus dimensiones externas y la intimidad de su ser.

No se logra entender a una época, a una clase o a un individuo si nos aproximamos de modo hostil.

Sin embargo, la historia, como todas las ciencias sociales, no es ajena a la moral y ésta induce a formar juicios que tienen validez tanto ahora como en el tiempo remoto. En caso contrario, caeríamos en un relativismo absoluto y en las exageraciones del historicismo.

Existen categorías morales de todos los tiempos y hay que discurrir con cautela por la línea sutil que separa al conocer del juzgar.

El problema del lenguaje

Parece evidente que en los próximos años la investigación histórica va a ocuparse de diversos aspectos relacionados con la burguesía del país para aclarar asuntos de primordial importancia. Adelantándonos un poco, hemos redactado este ensayo, carente de sistematización rigurosa, que resumiendo una percepción larga y acaso desordenada, basada en fuentes variadas y lecturas dispersas, pretende precisar el concepto que hemos formado del tema.

El uso de la terminología histórica en nuestro medio historiográfico enfrenta un problema de difícil solución. El lenguaje de las ciencias sociales y de la ciencia en general, ha sido elaborado en las naciones de cultura dominante, de donde lo tomamos por aproximación. No somos creadores de pensamiento científico y, en consecuencia, tampoco forjamos un lenguaje científico.

Pensemos cuánto debate ha habido y cuántos mal entendidos por el uso del término feudal para referirse al sistema de encomiendas, la tenencia de la tierra y las relaciones con el campesinado, que teniendo reminiscencia de aquel, pero que siendo distinto y corresponder a una época muy posterior, debiera ser denominado también de una manera distinta. Sin embargo, hasta ahora no hay una designación satisfactoria.

El asunto se complica con el afán de algunas ideologías políticas de definir circunstancias históricas para acomodar sus luchas.

En el acervo cultural corriente, la terminologia de las ciencias sociales adquiere connotaciones variadas, que oscurecen aún más la comunicación de las ideas. El hecho es especialmente grave para la historia, cuyo lenguaje es limitadísimo y que como disciplina pretende llegar al común de la gente. Todos convendremos en que las características otorgadas a la clase media varían mucho según el nivel social de cada uno, su cultura, su experiencia, sus esperanzas y frustraciones. También cambian grandemente según la sociedad a que se aplican. El concepto de clase media es distinto como puede entenderse en Alemania, Sicilia, los Estados Unidos o Latinoamérica. En Inglaterra, donde ha habido una sólida e importante nobleza, el gerente de un banco será considerado como hombre de la *middle class;* en cambio, en Chile, será visto como miembro de la oligarquía.

Existen, además, diferencias en el tiempo —y esto es esencial para la historia—, de modo que un mismo vocablo representa cosas distintas según el momento al cual se aplica. No es lo mismo la democracia ateniense que la democracia concebida por Diego Portales, ni lo que hoy entendemos por tal, que también tiene connotaciones muy disímiles.

Igualmente, el concepto de estamento para la Francia del siglo XVIII difiere bastante de igual término aplicado a España o a la sociedad imperial del Brasil en el siglo XIX.

Con el paso del tiempo, un mismo término se carga de sentidos o matices distintos, de modo que atrás queda su significado originario y puede llegar a ser diametralmente opuesto, como sucede con la noción de pueblo en la Colonia, conjunto de notables, y en la República, conjunto de ciudadanos o también masa de los bajos estratos.

Por supuesto que el sentido etimológico inicial de una palabra, surgido en un momento específico, cambia durante el transcurso de la historia y no es correcto acudir a raíces griegas y latinas para explicar significados posteriores. El propósito tan frecuente en los humanistas de revalorar el tono de una palabra actual rescatando su etimología, aunque loable por muchos conceptos, es equivocado para definir el lenguaje de hoy. El término latino *beatitudo,* que expresaba la felicidad más pura y serena, derivó en España a la felicidad espiritual, identificándola con el sentimiento religioso. El beato y la beata representaron altísimos valores en esa sociedad. En forma opuesta, en nuestra sociedad republicana, racionalista y laicizante, ambos términos adquirieron un tono negativo y en el habla popular llegaron a ser despreciativos. Es seguro que quien es apostrofado de beato hoy, no experimenta la menor dicha.

Hay, por lo tanto, una cuestión semántica que perturba el trabajo del investigador.

En la historia, que aborda hechos singulares y que posee débiles categorías generales, el lenguaje representa un tropiezo importante. Se dificulta encontrar expresiones que denoten un mismo fenómeno, quizás porque los fenómenos son siempre distintos o se tiñen de tonalidades diversas. Es necesario, entonces, estar señalando a cada paso qué contenido se le quiere dar a un término o ensayar definiciones para cada caso.

Es la misma dificultad que encara la antropología, que aspira a un grado mayor de generalidad que la historia. Ella tiene definiciones que se suponen aplicables a todos los casos y que dan un sentido casi inflexible al lenguaje. Los pueblos de cultura menos compleja —evitemos decir primitivos porque nos condenarían sin remedio— pueden ser nómades o sedentarios y ahí deben ser encasillados. Pero luego ocurre que algunas bandas de cazadores son seminómades, que habitan territorios claramente delimitados, que cada una reclama ámbitos propios, otras cumplen traslados estacionales en una vida itinerante o practican la trashumancia. En el desplazamiento hay lugares de ocupación temporal, siempre los mismos, existen rastros y encrucijadas. En algunos casos hay endogamia y en otros no, la organización social admite muchas variaciones o excepciones y, en fin, se llega a la conclusión de que el estudio de cada caso es lo único sólido. Es evidente que los conceptos generales han ayudado a definir y comprender; pero, por último, los botocudos son los botocudos, los tehuelches los tehuelches y los hurones los hurones.

En el fondo, la llamada prehistoria y la historia enfrentan el mismo problema, difiriendo sólo en los estadios culturales estudiados y sus métodos técnicos.

Nos preguntamos si no sucede otro tanto con la sociología en cuanto el ámbito de lo general y lo específico, en cuyo caso estaría muy próxima a la historia.

Creemos que toda ciencia del hombre está abocada al mismo dilema y la razón es que, en definitiva, el hombre es impredecible y que sus actuaciones, sujetas a infinidad de variables, parecieran guiadas por fuerzas caprichosas.

No puede extrañarnos, entonces, que el vocablo burgués pueda ser entendido de manera diversa según la época y el lugar al cual se aplica.

La génesis etimológica hay que buscarla en el término germánico *burg,* que designaba fortificaciones primitivas. Junto a ellas, la concurrencia de proveedores, comerciantes y merodeadores, dio lugar a la formación de *forisburgus* (de ahí el *faubourg* francés) o *suburbium* (suburbio castellano). Los *novus burgus* se desarrollaron en la medida que crecía el comercio y, en general, todas las relaciones espaciales que quebraron el encierro feudal. Sus habitantes eran denominados *burguenses,* palabra que aparece documentada por lo menos en 1007 en Francia, luego en Flandes y finalmente en toda Europa.

En España, la burguesía y el término burgués carecieron de verdadera realidad durante la Edad Media. Solamente en el norte, hacia los siglos XI y XII se configuran por el contacto con Francia, el movimiento en la ruta de Santiago y la intensificación del comercio en el Mediterráneo, grupos de mercaderes y artesanos en los diversos poblados protegidos por el *castrum* o el *castellum.* Barcelona y León presentan con mayor claridad esos grupos, pero se les encuentra en todo el territorio de Galicia a Aragón, siendo denominados burgueses y los pueblos, burgos.

La reconquista de Castilla fue eminentemente militar y ganadera y, en general, no se produjo el fenómeno ni prosperó la designación de burgués. Sólo a fines del Medievo y más exactamente durante el Renacimiento se configuró una burguesía importante.

En Europa, en general, el desenvolvimiento de la artesanía y los talleres, el comercio, el cambio de monedas y el crédito, elevó el rango de los burgueses más hábiles y dinámicos que, finalmente, constituyeron el "patriciado urbano" a espaldas del estamento guerrero y nobiliario. A ellos se agregaron letrados y funcionarios que desde el Renacimiento y a medida que el absolutismo monárquico suplantó a los señores, adquirieron gran importancia.

A fines de la Edad Media la burguesía estaba constituida y contaba con gran riqueza e influencia pública; pero fueron los descubrimientos geográficos y el comercio de larga distancia los que consolidaron su situación.

Etapas de la burguesía

En el desenvolvimiento del capitalismo moderno cabe distinguir varias etapas que implican diferencias cualitativas y cuantitativas. Existió, en primer lugar, un capitalismo comercial y aventurero que, sin ánimo de hacer una periodificación rigurosa, tuvo su apogeo en los siglos XV y XVI. En él se entrecruzaban empresas bélicas con sus expectativas de botín y ganancias, la piratería y el corso, que solían dejar ganancias a veces espectaculares. El comercio, realizado también con armas a la mano, era de alto riesgo, estaba sujeto a grandes provechos o tremendas pérdidas. Se invertían capitales a la gruesa ventura y se formaban sociedades *en comandita.* Dentro de sus límites caben los comerciantes aventureros del Medievo, las vinculaciones del Mediterráneo con el Oriente, las empresas exploradoras y comerciales en América en tiempos de la Conquista, el tráfico con la India y las Molucas y, en cierto modo, durante el siglo XVII, las actividades de las grandes compañías holandesas e inglesas en América y el Asia, que unían los propósitos comerciales con la guerra, la colonización y el fanatismo religioso.

El capitalismo de los primeros tiempos o de viejo estilo, para emplear la expresión de Sombart, estuvo marcado por la prudencia en los negocios, el escrúpulo moral y la sobriedad de las costumbres, porque prevalecían las categorías éticas de la escolástica.

A partir de la Revolución Industrial de la segunda mitad del siglo XVIII el capitalismo entra en su etapa de gran expansión y produce cambios fundamentales en la economía y la sociedad. La producción fabril conquista los mercados cercanos y distantes, los capitales se concentran, la economía fiduciaria y la actividad bancaria dominan el quehacer económico, las instituciones y los medios técnicos facilitan todas las operaciones y, finalmente, el imperialismo envuelve las relaciones de todo el mundo.

La burguesía no sólo amplía considerablemente su riqueza, sino que cambia su estilo por uno nuevo, que deja atrás los escrúpulos morales. La riqueza pasa a ser un objetivo en sí y con el fin de incrementarla se libra una lucha sin contemplaciones. Paralelamente, las costumbres burguesas se modifican: el lujo y la ostentación avanzan de manera espectacular, los hábitos se hacen desenvueltos y los ademanes remedan el antiguo estilo de la nobleza. La mentalidad burguesa ha impuesto también el liberalismo en política, porque de ese modo puede disponer mejor de sus negocios y ejercer su poder social.

No obstante que el elemento burgués en su marcha ascendente tuvo su propio estilo, también sintió el atractivo del modo de vida de la nobleza y de su rancio prestigio y procuró asemejarse a ella. La adquisición de tierras y también de palacios, fue una manera de alcanzar uno de sus rasgos distintivos, a la vez que una medida prudente para mantener una reserva en medio de negocios inseguros. Debe agregarse la obtención de títulos nobiliarios, concedidos por príncipes agradecidos o que fueron vendidos, dando lugar a la "nobleza de toga" en contraposición a la de espada.

La nobleza también se aburguesó. Participó en los nuevos tipos de negocio, siendo frecuente su huella en las especulaciones y la incorporación a todo tipo de sociedades capitalistas.

En suma, fue la burguesía la gran clase dinámica.

Los dos momentos y características burguesas que hemos señalado, se encuentran presentes en Chile, aunque modificados por las circunstancias locales.

Una aristocracia de rasgos burgueses

En Chile, durante el siglo de la Conquista es evidente la presencia de un capitalismo aventurero, tal como lo hemos descrito en los tomos I y II de la *Historia del pueblo chileno* (Santiago, 1980 y 1983). Y es muy notable que en 1575, 1580 y 1592, en diversos episodios, los mercaderes hiciesen oír su voz en contraposición con los intereses señoriales de los encomenderos.

Durante la Colonia los rasgos burgueses de la "aristocracia" son evidentes, como puede comprobarse con una lectura rápida de *Mayorazgos y títulos de Castilla* de Domingo Amunátegui Solar (Santiago, 1901-1904). Los casos estudiados exhiben, generalmente, junto a antecedentes militares, de posesión de encomiendas y tierras, actividades mercantiles y otros negocios que fueron la verdadera base de las fortunas patricias. También deben incluirse las funciones públicas y las tareas del foro, que son manifestaciones burguesas apegadas a la débil burocracia de entonces.

El mismo Amunátegui expresó con claridad su punto de vista en *Formación de la nacionalidad chilena* (Santiago, 1943), aunque sin darle el relieve que merecía.

En el siglo XVII el avance de los comerciantes, negociantes diversos y personas con oficios públicos es apreciable, como lo ha probado Mario Góngora en *Encomenderos y estancieros* (Santiago, 1970). Su asimilación a la aristocracia, en grados variables, hace de este grupo una entidad difícil de definir dentro de las categorías históricas consagradas, según concluye Góngora.

Armando de Ramón, por su parte, en *Historia urbana* (Buenos Aires, 1978) ha caracterizado mediante la documentación notarial un grupo de por lo menos 94 comerciantes entre 1681 y 1696, que mantenían contactos con otras plazas sudamericanas.

El caso del escribano Ginés de Toro Mazotte y sus descendientes, que mediante su trabajo de funcionarios y sus negocios alcanzaron a situarse en el estrato superior, es el ejemplo más destacado, entre otros. También es un paradigma Pedro de Torres, hijo de un capitán portugués avecindado en La Serena, quien a través del comercio, de negocios muy variados, posesión de algunas haciendas y la administración de la Bula de la Santa Cruzada, llegó a constituir una de las mayores fortunas, si no la mayor.

Como es bien sabido, gracias a su posición y su riqueza, Torres constituyó el primer mayorazgo establecido en Chile y obtuvo el título de conde de Sierra Bella que cedió a un yerno.

El ascenso de Torres es digno de destacarse por cuanto el personaje, que provenía de una familia de militares de escasa importancia y advenedizos, logró su fortuna en múltiples negocios, algunos bastante oscuros, y fue uno de los fundadores de la más alta aristocracia, la que poseía títulos de nobleza.

La espada y la mercancía se complementaban, igual como ocurría en España y más generalmente en toda Europa.

No es extraño, después de todo, que las tareas rurales y el comercio suplantasen en la segunda mitad del siglo XVII al quehacer de la guerra y la encomienda, a medida que la lucha en la Araucanía llegaba a extinguirse virtualmente y la población indígena desaparecía casi por completo en la región central.

El transcurso del siglo XVIII marcó más profundamente el rasgo mercantil de la aristocracia, en sentido paralelo a la intensificación del tráfico y del desenvolvimiento minero, con su consecuencia de mayor acumulación de riqueza. La afluencia de vascos fue una transformación importante, no en el sentido racista que le otorga Encina, sino como un cambio económico y social en los altos estratos. Los mayorazgos y títulos de nobleza corresponden a esta etapa; pero también hubo destacadas familias de comerciantes que no alcanzaron esos honores: Errázuriz, Eyzaguirre, Trucios, Undurraga, Ramírez de Saldaña, Urrutia y Mendiburu, Díaz de Salcedo, Riesco, Valdivieso, De la Cruz, Pérez García, Labra, Tagle, Bezanilla, Lavaqui, Del Villar, Villota, Zaldívar, Huici, Urmeneta, Valero, Palazuelos, Fresno, Aldunate, De la Sota, Izquierdo, Badiola, Sáez, Marticorena, Valdés, Echeverz, Landa, etc. Todos ellos poseían fuertes capitales y eran hombres consumados en el arte de la mercancía. Fueron, precisamente, dos de los comerciantes mencionados, Ramírez de Saldaña y Mendiburu, los que detentaron las mayores fortunas coloniales.

La característica comercial de la aristocracia parece quedar probada mediante las investigaciones mencionadas y la enumeración anterior. Hace falta, por supuesto, un estudio sistemático.

La ética colonial

La base material y social de tipo burgués es muy importante para la caracterización; pero falta referirse a los valores y la mentalidad del sector superior. Este aspecto es fundamental para determinar si existe un espíritu capitalista burgués y a qué etapa universal de esas categorías corresponde.

Demos por descontado que había negocios inescrupulosos, engaños, abusos de confianza y estafas lisas y llanas. Pero también es cierto, como característica específica, que perduraba un fondo de moralidad, recato y prudencia de viejo estilo como consecuencia de la escolástica y de un mundo de negocios poco desenvuelto, en que los lazos familiares y de amistad se dejaban sentir muy fuertemente. Recuérdese también que los medios técnicos de los negocios eran primitivos, los instrumentos, la contabilidad y la correspondencia estaban lejos de la racionalidad. Poseían un sabroso tono familiar. Don Agustín de Eyzaguirre, que entre negocio y negocio, ya en años de la República, incursionaba por la política, redactó algún manifiesto gubernativo como quien escribe una carta a un colega de la plaza de Lima.

Don Manuel de Salas en su *Representación* al ministro Diego de Gardoqui es terminante para definir el estado mercantil de Chile: "El comercio, una profesión sujeta a reglas, y que exige principios, ha sido únicamente aquí el arte de comprar barato y vender caro". Reprochaba luego la falta de iniciativa y de imaginación.

Juan José de Santa Cruz, a su vez, retrataba al comerciante chileno en forma despreciativa: "unos semblantes adustos, unos genios díscolos, unas prodigalidades ridículas, unos espíritus avutardados, unos ánimos encogidos, unas desconfianzas necias y una vana ostentación, son los aspectos dominantes" y más adelante criticaba el afán de regatear, contar y recontar hasta el último cuartillo.

Ese es el mismo carácter que con propósito enaltecedor señala José Perfecto de Salas en algunos de los más prominentes mercaderes nobles: "El marqués de Montepío, hombre bueno; de consejo; de capacidad, juicio y virtud. No es amigo de desperdiciar lo que le ha costado su sudor, y por eso tiene malquerientes, algunos sin razón. Don Mateo de Toro Zambrano, futuro conde de la Conquista, "honra del criollismo; pocas palabras; mucho juicio; gran caudal; muy hombre de bien".

Parecidos términos podrían aplicarse a los hermanos Eyzaguirre, de figuración en los negocios y los asuntos del Estado. Del más destacado, don Agustín, pudo decir don Andrés Bello, que no decía palabras vanas ni con motivo necrológico: "Su firmeza, independencia y desprendimiento, su amor al bien, brillaron con un lustre igual, nunca empañado por la más leve mancha, en los puestos importantes a que le llevó tantas veces el voto de la patria. Modelo de civismo y de austeridad republicana en todas las épocas de la revolución, en todas las situaciones de la vida, entre los halagos del poder, como entre los baldones y miserias de la deportación; murió pobre, después de haber comenzado su carrera con una fortuna brillante".

Su hermano don José Ignacio desempeñó diversos oficios de la hacienda pública, incluso de ministro, sobresaliendo siempre por su honestidad y entereza. Él fue quien objetó el pago de ciertos derechos al director supremo O'Higgins por concepto de comiso de naves y rehusó hasta donde pudo, el hacerse cargo de la administración del estanco del tabaco después del fracaso de Portales y Cea. Las razones eran que don Diego era su cuñado y que en esos momentos su hermano Agustín desempeñaba la vicepresidencia de la república.

Otro de los hermanos, don Domingo, fue dechado de virtudes, humildad y espíritu cristiano, como recordó el obispo

Don Domingo Eyzaguirre

don José Hipólito Salas con motivo de su fallecimiento: "Unas cuantas sillas ordinarias, una mesa, un crucifijo, un breviario, unos pocos instrumentos de labranza, he aquí el ajuar de don Domingo de Eyzaguirre, he aquí el testimonio elocuente de su desprendimiento, de su abnegación y de su caridad humilde y desinteresada en favor del pobre .

Estando moribundo, don Domingo hizo entrar a los pobres que acudían a él y entregando las últimas monedas que con mano temblorosa pudo encontrar en el fondo de una bolsa vieja y arrugada igual que él, exclamó: "Ya se acabó, adiós, hasta la otra vida".

En la correspondencia numerosa y variada de los comerciantes del último siglo colonial se manifiestan por todas partes las antiguas modalidades y una discreción moral que, sin carecer de excepciones, llama poderosamente la atención. Se procede con cautela, buen criterio y se cuida el honor hasta en el menor asunto.

El modo ejemplar de un comerciante

La carta que Manuel Riesco entregó a su "amado hijo Miguel, que con su bendición" pasó a España por negocios, es un documento estelar para comprender el *ethos* del quehacer mercantil.

Comienza el viejo español dando buenos consejos: "Primeramente, hijo mío, te encargo mucho el santo temor de Dios, amándole sobre todas las cosas y queriendo antes morir que ofenderle. Que procures todos los días encomendarte a Dios muy de corazón, rezando las oraciones de la mañana que te he enseñado; que oigas la Santa Misa con la posible devoción, reces el Santo Rosario a María Santísima, siendo muy devoto de esa Reina Soberana de los Ángeles y hombres, pues como sabes, no se perderá ningún devoto de María Santísima, y concluye antes de acostarte con las oraciones de la noche, encomendándote a Dios y a María Santísima".

Al comenzar el día debería invocar a Dios, antes de iniciar sus negocios, y en todos los actos de la vida sería conveniente que anduviese con tino: "Que te apartes de malas compañías, particularmente de jóvenes libertinos, de juegos (aun por pura diversión), a no ser que seas muy instado de hombres de distinción y conozcas que es por entretener el tiempo, aunque para esto hay muchos libros devotos. Que particularmente no visites personas del otro sexo, en donde regularmente hay muchos escollos, sé cauto para que seas casto, apartándote de estas cosas y de espectáculos profanos que no son más que escuelas de maldades... Acostúmbrate a retirar a la oración a casa, pues no hay lugar como tu cuarto y la soledad, así para encomendarte a Dios como para pensar tus negocios y trabajar para evacuarlos".

Le recomendaba también la humildad, la cortesía y la compostura. Al efectuar una visita debería permanecer de pie, hasta que le ofreciesen asiento y con cuidado elegir el más inferior. Debía vestirse de manera sencilla, sin preocuparse de modas ridículas.

Enderezando hacia los negocios, le instaba a ser muy fiel y leal, no engañando a nadie. Debería aconsejarse con hombres provectos y experimentados para sus operaciones, sugiriéndole nombres concretos, a quienes conocía o de quienes tenía buenas referencias. Cada adquisición y trato debía ser estimado con gran prudencia, buscando los precios más convenientes y asegurándose de la calidad de las mercancías.

En la adquisición de buenos productos, cuyas fábricas y origen señalaba de manera específica, se adivina el propósito de Riesco de acreditar sus ofertas en Chile y de no engañar a sus futuros clientes.

El joven agente debía ocuparse también de adquirir o mandar construir una fragata adecuada para el tráfico chileno. Con ese propósito, su padre le adjuntó las recomendaciones de arquitectura naval que especificaron dos amigos conocedores de los requerimientos locales. Debía dejarse de lado cualquier mezquindad y dar solidez y capacidad a la nave. Amplia de manga, buenas muras y yugo alto, curvas sólidas a la balona para resistir gruesas cargas de trigo y cobres, pocas cámaras y pañoles, cubierta despejada para abarrotarla de carga, con una lancha grande y fuerte, y "que se dejen de tallas y adornos, pues la obra lisa y llana es la mejor". Debían colocársele cuatro cañones por banda, recuerdo del capitalismo aventurero.

Había que ocuparse también de la tripulación, "la mejor que se pueda y de la costa de Cantabria, esto es, vizcaínos, montañeses, asturianos, gallegos y catalanes". Los mallorquinos también eran aceptables, no así los andaluces. Debía procurar que todos fuesen buenos cristianos y que rezasen el rosario en caso de no traer capellán.

"Por lo que hace a pilotos, pilotines, contramaestres y demás oficiales principales —anotaba el escrupuloso comerciante— deben ser de los mejores, no reparando en peso más o menos en cuanto a sus sueldos. Se les trataría conforme su clase y con la mayor urbanidad y caridad, dándoles bien de comer guardando la mayor economía".

Las instrucciones indican de manera aproximada la ruta que el joven Miguel debía seguir en sus viajes mercantiles por España. Y por supuesto que a cada paso aparecen notas de carácter religioso. En todas partes debería visitar los santuarios. El viaje de Barcelona a Vizcaya lo haría pasando por Zaragoza para visitar a "Nuestra Madre y Señora del Pilar". En Valladolid podría contratar, en la posada donde se alojase, los servicios de unos sujetos que hoy llamaríamos guías turísticos, encargados de llevar a la gente, no a los lugares de diversión, sino que, naturalmente, a los santuarios. Una buena posada podría encontrarse junto al convento de los benedictinos, donde se encontraba el prodigio del Santo Cristo de la Cepa.

En Segovia visitaría los santuarios y demás cosas particulares y las fábricas de paños. En Madrid se alojaría en una "posada oculta", casas particulares, buenas y seguras, donde se podía obtener habitación y comida por dos reales diarios.

Miguel visitaría también la villa de Valderas, patria de su familia, para buscar a sus parientes y tener el gusto de abrazarlos y entregarles donativos de dinero, sin excluir ni a los chiquillos. A todos debería tratarlos con afabilidad, pues eran "labradores, gente pobre pero buena". Tendría buen cuidado, sin embargo, de no traer ningun mozo o joven a Chile, porque podría salir calavera.

Con motivo de enumerar su parentela, don Manuel filosofaba en torno a la riqueza y la pobreza: "en España no es deshonra el tener oficio, pues ante todo los que no tienen mayorazgos grandes procuran aplicarse a oficios, pues el que tiene oficio tiene beneficio (dice un adagio español). Y si mi padre fue labrador y cirujano, mi abuelo lo mismo, yo me apliqué a esto mismo y no tuvo efecto porque Dios quiso traerme por estas Américas y por esto no dejo de ser limpio de sangre por la misericordia de Dios, y entroncada mi familia, como sabes y lo verás, aunque en todas las familias hay pobres y ricos, providencia del Altísimo que no comprendemos y quizás para que no se engría el rico teniendo a la vista sus parientes pobres, para que los socorra en sus necesidades y dé gracias a Dios de los bienes de fortuna que le ha dado sin méritos propios, pues todos son graciables y sólo para rendirle gracias sin cesar por ellos haciéndose cargo que como los dio gratuitamente los puede quitar cuando sea su voluntad, y siempre debemos decir con el Santo Job: Dios me los dio y Dios me los quitó (sea su santo nombre bendito)".

En esas palabras se encuentra algo más que un reconocimiento de la voluntad divina. Hay una resignación frente a esa voluntad, en la buena y la mala suerte, que recuerda la visión del protestantismo y más específicamente del calvinismo respecto de la gracia divina.

Finalmente, digamos que Miguel Riesco debió cumplir con dos promesas de su padre: entregar dinero para terminar la parroquia de Valderas y dotarla de una lámpara de plata de buen porte y de peso de unos 40 marcos, sin reparar si entrase más cantidad de plata.

En toda la carta se percibe un ambiente familiar en el mundo de los negocios, que dista mucho de la desenvoltura del gran capitalismo. Miguel Riesco era muy joven y así se lo hacía notar su padre para recomendarle la mayor prudencia en el negocio que llevaba entre manos, que era de entidad. Debía recordar, sobre todo, que no podía arriesgar el dinero de la numerosa familia, acordándose especialmente de la suerte de sus hermanos. Uno de ellos, en edad tierna, le acompañaba en el viaje.

En Cádiz procuraría alojarse en casa de los señores Vea Murguía y Lisaur, conocidos de su padre que tenía relaciones comerciales con ellos. Además de ser una casa importante y respetable, podría adquirir en sus oficinas una buena experiencia en los negocios. También podría residir en la de don Miguel Josef de Ustáriz, marqués de Echandía, casado con doña Antonia de Salcedo y Aliaga, "casa de todo respeto y de mucha conveniencia, y los señores muy buenos", según había comprobado don Manuel, que se había acogido a su hospitalidad en sus tiempos.

Para finalizar con la mentalidad del viejo Riesco, digamos que no era aficionado a formar compañías con otros por los dolores de cabeza que ocasionaban y prefería tomar dinero a interés en caso de presentarse un negocio favorable. Por ningún motivo era partidario de prestar dinero y opinaba que todo acuerdo con otro negociante debía estipularse por escrito y reducirlo a escritura pública a la brevedad.

Sería imposible encontrar un documento más representativo del viejo estilo burgués. Ahí están la religiosidad acendrada, la honradez y la sobriedad como base de la gran solidez de la empresa económica. Nada de audacia, espíritu especulativo ni ilusiones de riquezas fantásticas.

Una actitud de transición

Un sentido algo distinto tiene otro documento de un comerciante, Domingo Díaz de Salcedo y Muñoz, escrito en 1806 y que fue leído al gremio de mercaderes reunido en el Tribunal del Consulado de Santiago.

La "Memoria analógica", que así se llama el documento, representa una transición entre las antiguas y las nuevas modalidades del comercio y las categorías éticas que le envolvían.

Comenzaba el autor por afirmar que "los sentimientos del hombre parece no han de limitarse al cristianismo, sino que a proporción de sus fuerzas y facultades intelectuales han de emplearse también políticamente en lo que haya relación con lo proficuo de sus prójimos y beneficio especial de los compatriotas".

En otras palabras, Díaz de Salcedo quería decir que no bastaba la concepción religiosa de la economía, sino que también había que buscar las ventajas materiales para la sociedad. Dentro de ese tema, el asunto más importante era el préstamo de dinero a interés, que era calificado de usura, en un sentido mucho más ceñido que hoy día. Todo cobro de interés era usura. Para levantar la condena conceptual, ya muy poco tomada en cuenta, el autor acudía a las sagradas escrituras y mediante algunas citas llegaba a la conclusión de que en los préstamos había que "distinguir el que se hace al pobre del que se hace al rico. En el primero, mirado como socorro o necesidad, no puede admitirse interés alguno por ningún título, porque es y se considera préstamo de caridad, mandado por Dios, así como la limosna en el sagrado Evangelio, y por consiguiente quiere que se haga libre de toda carga. Los que se practican con los ricos son de comercio o negociación e interés; estos hombres sin necesidades reciben prestado para lograr ventajas y queda a los prestadores un legítimo derecho para estipular y adquirir interés moderado, pues no hay en la religión ni en lo civil donde se niegue".

Más adelante, distinguía entre usura buena y mala y reafirmaba "que nuestro Redentor no prohibió en sus doctrinas santas las usuras justas o intereses provenientes de contratos entre hombres libres, que procuran con justicia adquirir para la subsistencia y adelantamiento, en beneficio de las familias, con el auxilio de sus capitales o de la industria, o de uno y otro, dando unos dinero, recibiéndolo otros, bajo de honestas estipulaciones, que son como eje de las grandes, medianas y pequeñas necesidades, las cuales mantienen en actividad continuada a la sociedad, sin cuyo perenne movimiento florecería la inercia perezosa, madre de todos los vicios".

Ese era, en esencia, el planteamiento teológico de Díaz de Salcedo, a quien no hemos de seguir en todo su raciocinio ni en su morrocotuda redacción. Pero es necesario mencionar otra parte de sus ideas, más prácticas, basadas en la realidad concreta.

Nuestro hombre señalaba que obtener un interés sobre el capital era justo, así como la ganancia obtenida por los agricultores y fabricantes, porque la utilidad era el incentivo de toda empresa económica. En caso contrario, todo quedaría abandonado porque nadie se arriesgaría sin esperar un provecho.

El capital era indispensable en todas las actividades productoras y como algunos no disponían de él o necesitaban de mayores cantidades recurrían a los préstamos, en cuyo caso compartían las ganancias con el acreedor, corriendo también sus riesgos.

En su defecto y para evitar el azar, se prestaba dinero a interés, que debía ser devuelto con el porcentaje acordado cualquiera fuese el uso que se le diese y el resultado del negocio. Era lo mismo que ocurría —señala sugestivamente Díaz de Salcedo— en el sistema de censos practicado principalmente por las

Rugendas, vista de Santiago desde el cerro Santa Lucía.
Durante la primera mitad del siglo XIX, la capital conservó su ambiente colonial. La coherencia arquitectónica estaba dada por las grandes casas de un piso, con patios y huertas, y los edificios públicos e iglesias de estilo clásico y tono blanquecino.

órdenes religiosas: se facilitaba dinero sobre la base de hipoteca, independientemente de lo que hiciese el deudor.

De tal manera y en forma algo insidiosa, con el ejemplo de lo que hacían las congregaciones estaba legitimando el préstamo a interés.

Para concluir con esa materia, rebatía la idea de que el dinero —los metales preciosos— fuese productivo y que por lo tanto, no debiese rendir intereses. Establecía que mediante él se auxiliaba a la producción, en lo que hoy llamamos insumos y trabajo y, en consecuencia, era productivo.

Una transición a la modernidad se encuentra también en la imagen que tenía del comerciante. Éste debía ser "activo, juicioso, desinteresado para no caer en malas adquisiciones; ha de fundar sus operaciones sobre la base del honor; ha de saber escribir con facilidad, limpieza, correcto, claro y conciso, y ha de ser regular aritmético; poseerá, además de su nativa lengua algunas otras y con especialidad la francesa, que se ha hecho general, debe tener método arreglado en los libros y llevarlos en partida doble; sabrá extender todo instrumento mercantil para convenciones particulares y compañías, letras, billetes de cambio, contratas, fletamentos, conocimientos, pólizas de seguros y de resoluciones arbitrales".

Seguía todavía con otros aspectos técnicos para completar una descripción en que se palpan viejas preocupaciones y el deseo de poner al día a los negociantes de Chile.

Prolongación del antiguo estilo

La honestidad y el desapego frente a la gestión pública o su aprovechamiento con fines personales y directos, también era parte de la mentalidad reinante en los círculos comerciales. Ello no tuvo nada de extraño durante la Colonia; pero también fue una actitud visible en las primeras décadas de la existencia republicana. Seguramente influía el deseo de no despreocuparse de los propios negocios y la "falta de luces", siempre alegada y quizás con razón.

Como una curiosidad notable permítasenos reproducir la carta que don Pedro Nolasco Mena envió al director supremo Freire rechazando el cargo de ministro de Hacienda, a pesar de ser hombre experimentado en los negocios: " gratitud, mi honor y mi conciencia se prohíben traicionar a V.E. y a la patria en la administración de un cargo superior en todo sentido a mis fuerzas.

"Soy un comerciante práctico, que sin las leyes del cálculo ni los principios de economía giro, como todos los del país, una casa de comercio pasivo; he ahí la historia de mis disposiciones: no conozco la estadística [asuntos de Estado], no he visto siquiera la complicada legislación de hacienda, jamás serví una oficina de ella. No puedo, de consiguiente, aventurarme sin temeridad a la administración del Ministerio.

"Si no me avisara [aconsejara] la conciencia de una inaptitud absoluta, yo sacrificaría mi giro, que va a arruinarse, mis créditos que deben ser descubiertos en la separación de aquél, mi existencia y la suerte misma de mi familia en reconocimiento de la distinción con que V.E. me llama al primer rango de los funcionarios... por mi honor reconocido, juro delante del Cielo y de los hombres que soy incapaz del cargo, de que suplico a V.E. se digne de admitirme la renuncia, seguro de mi gratitud eterna...".

Obligado a aceptar el cargo, Mena estampó en el acta de juramento su protesta, insistió en su falta de preparación y declaró renunciar al sueldo para alivio de su conciencia.

Sorprendente episodio, en que se descubren la sinceridad y el temor, la honestidad y el recato, algo de tozudez y, en todo ello, la ética de viejo estilo.

El desapego del poder fue una virtud bastante extendida en la aristocracia de las primeras décadas republicanas, quizás por las dificultades del momento o la falta de preparación y de audacia. Siempre causará admiración que don José Tomás Ovalle se empeñase en renunciar a la vicepresidencia, alegando formalmente que debía preocuparse de reparar las casas de su chacra en Quilicura.

Carácter de la aristocracia colonial

A estas alturas parece prudente señalar que la economía colonial desde mediados del siglo XVII y hasta la época independiente inicial, a pesar del marcado tono rural y luego minero, fue un capitalismo comercial restringido o subordinado, según corresponde a la doble dependencia del Perú y España y dentro de las relaciones creadas por el capitalismo occidental, acentuándose este último después de 1818.

En consonancia con ese hecho y durante la misma etapa, el más alto sector social, llamado corrientemente aristocracia, tuvo como rasgo predominante la gran propiedad agrícola, pero a la vez tuvo el sello mercantil, que le incorporó nuevos elementos y le aportó la verdadera riqueza.

Poseyendo ambas bases, sería exagerado denominarla burguesía, a lo que debe agregarse la persistencia de valores provenientes de la Conquista y de la Guerra de Arauco, pese a la extinción real de ésta, con la sobreestimación de los títulos militares y sus formalidades, como asimismo la tendencia a apropiarse de las categorías nobiliarias europeas.

El estilo de vida fue sencillo y carente de grandes lujos, acaso porque las fortunas eran limitadas. La vestimenta era sobria, las joyas relativamente escasas y todo el gasto parsimonioso y controlado. Las viviendas eran las grandes casonas de varios patios, construidas de pesados adobes y ladrillos en el mejor de los casos, blanqueadas a la cal por fuera y en cuyo interior el mobiliario exhibía el duro canto de las maderas, el cuero repujado y las pinturas religiosas, tiesas y coloridas. Algunos candelabros y espejos venecianos ponían una nota más ligera.

La vida social de la aristocracia tenía un tono espontáneo, propio de un estilo campesino, sencillo y carente de afectaciones. Estrechas relaciones familiares y de amistad, en que no había un grupo de riqueza desmesurada, formaban un ambiente nada propicio a formalidades rebuscadas. Las dos mayores fortunas, las de Ramírez de Saldaña y Mendiburu, no pasaban de los quinientos mil pesos y aunque en el país parecían muy elevadas, no lo eran en realidad.

No debemos engañarnos por la existencia de títulos de nobleza y hábitos de las órdenes de caballería, ni los retratos de personajes tiesos, el rostro inexpresivo bajo la peluca empolvada y vistiendo su casaca más recargada de bordados. Tampoco deben inducir a error las expresiones obligadas en el trato con extraños o en los documentos públicos, como lo prueba el largo expediente iniciado por el conde de la Conquista, hombre sencillo y bueno, para que las autoridades le tratasen de "Señoría" en sus providencias oficiales.

Nos referimos al trato íntimo entre personas y familias. Si hubiese alguna duda pueden sopesarse las actitudes y palabras que hubo en el hogar del mismo Conde entre él y uno de sus yernos, en una trifulca que terminó en los estrados judiciales. Testimonios interesantes son también los de viajeros y los de José Zapiola y Vicente Pérez Rosales que alcanzan hasta las primeras décadas republicanas. El último, por sobre todo, mediante las frecuentes comparaciones con su tiempo, marca la real diferencia. Lo mismo hace Vicuña Mackenna en tantas páginas y a veces en detalles perdidos de sus libros.

Si las recepciones privadas exhiben el grado de vanidad y sofisticación de un estrato social, las de la Colonia prueban lo que venimos diciendo. Un gran sarao se efectuaba muy de tarde en tarde y no era un despliegue de lujo exorbitante. Las reuniones ofrecían para el paladar solamente los sabores criollos, viandas abundantes y condimentadas más que refinadas, vino

Dos Santos Izquierdo, comerciante español avecindado en Chile y alcalde de Santiago. La leyenda revela las intenciones nobiliarias: *El Maestre de Campo don Santos Izquierdo y Romero, caballero del Orden de Montesa y capitán del Regimiento de caballería del Príncipe, natural de la villa de Nieva de Cameros en Castilla la Vieja.* 1808.

y aguardiente, las mistelas y la aloja, helados, alfajores, huevos chimbos y canastitos de las monjas claras.

La música, si la había, la ponían los propios anfitriones o algunos invitados lidiando con guitarras, arpas y el piano una vez que se generalizó.

No hay duda de que las costumbres patriarcales no guardaban relación con la ostentación y las liviandades de la nobleza europea. Más bien recuerdan el ser de la burguesía de los comienzos.

La distinción que hemos hecho entre la base material y la ética, puede prestarse para una discusión muy prolongada. Limitémonos por ahora a dejar sentado que un grupo social no sólo debe ser calificado por el aspecto material en que descansa, sino también por el conjunto de ideas, valores y mentalidad que conforman su espíritu, constituyendo el cuadro ético de referencia.

Por todos los antecedentes que hemos expuesto, nos parece que la mejor designación para el alto sector es el de aristocracia terrateniente y comercial.

Traspasado el umbral de la Emancipación, todas las cosas comienzan a cambiar y al cabo de unas pocas décadas es visible la decadencia de la aristocracia y el surgimiento de una burguesía con su nuevo estilo.

Extranjeros en la etapa republicana

El hecho más importante de la economía es la consolidación y desarrollo del comercio con todas las naciones, ya existente en forma algo inestable desde la última época de la Colonia, que estructuró y creó las modalidades de producción, circulación, distribución, etc. Era el origen de una dependencia que sustituía a la dominación colonial, paralelo y concomitante con la Revolución Industrial y el avance del gran capitalismo mundial.

Ordenada la economía local a esas líneas, se desenvolvió aceleradamente la minería de la plata, del cobre y del carbón y la agricultura cerealera, empleando por el momento los escasos capitales y la tecnología locales. Al mismo tiempo, se hacían presentes los capitales comerciales foráneos y se establecían en los puertos las casas comerciales extranjeras. Tímidamente, también, se iniciaban algunas inversiones con capitales de afuera y se procuraba implantar un modo de producción capitalista.

En la minería, dentro de un proceso paulatino, los metales preciosos característicos del capitalismo comercial, van siendo desplazados por los que constituyen materias primas —cobre y carbón— requeridas por el capitalismo industrial.

La minería chilena entra, tanto por sus relaciones, como por el tipo de empresa y la técnica empleada, en las modalidades industriales.

Implantar las nuevas características no fue fácil.

Algunos casos son realmente significativos y prueban que fue muy difícil transformar el estado de cosas. Pensemos en John Miers, durante el gobierno de O'Higgins, importando aparatos modernos para establecer una fundición y laminadora de cobre en Concón y luchando desesperadamente con las reacciones anímicas y desordenadas de la dueña del predio, para debatirse en una situación jurídica que ni la protección del Director Supremo pudo ayudar a superar. Y finalmente, la irresponsabilidad de un capataz que al descuidar la limpieza de una canaleta de agua inutilizó parte del equipo y puso término a la empresa.

Las compañías inglesas que invirtieron en la minería del cobre en la década de 1820 también debieron experimentar el problema de las astucias y la irresponsabilidad chilenas y la dificultad para competir con las formas primitivas de producción, aun cuando el fracaso definitivamente se debiese a factores de otra índole.

Muy ilustrativo es también el disciplinamiento de la mano de obra de Chañarcillo, estudiado por María Angélica Illanes (en *Nueva historia,* Londres, 1984).

Después de esos pasos vendría la formación de una fuerza de trabajo ordenada, más sujeta a control, adiestrada y eficiente en faenas que requerían de precisión y continuidad en una programación estricta. Se constituía un proletariado que con su trabajo aportaría riqueza a la burguesía.

Desde los tempranos años de la vida independiente la llegada de extranjeros vino a cambiar la fisonomía de los círculos de negociantes. Era una avanzada exploradora del capitalismo comercial e industrial que auscultaba el mercado y las fuentes de producción criollos para ligarlos a la economía del centro, principalmente inglesa.

El viajero Gilbert F. Mathison escribe en 1825 que en Valparaíso "ingleses y norteamericanos parecían formar la masa de la población de la ciudad y era tal el número de marinos, agentes de comercio, marineros y hombres de negocio que por doquiera se veía, que, a no ser por el diminuto y mísero aspecto del lugar, un extranjero hubiera quizás imaginado que acababa de llegar a una posesión inglesa".

Grupo de comerciantes ingleses en Valparaíso en la primera mitad del siglo XIX.

Hasta 1824 habrían llegado a aquel puerto, aunque sin permanecer todos, entre 1.000 y 3.000 ingleses. Eran comerciantes, agentes de casas mercantiles, representantes de armadores de naves, artesanos, marinos, trotamundos, en busca de riqueza fácil o de mejor situación.

El elemento extranjero fue esencial en el desenvolvimiento de toda clase de tareas comerciales, fabriles y técnicas en una medida que hasta ahora no ha sido aquilatada debidamente. Ni siquiera existe una apreciación de la cantidad de extranjeros que permanecieron en el país largo tiempo o definitivamente y que se ligaron a las altas esferas sociales.

Un recuento ligero hasta la Guerra del Pacífico, arroja un resultado sorprendente, según la lista que va a continuación.

Españoles. Joaquín de Villa Urrutia, Diego A. de Ovalle, Juan de Mira, Cristóbal Valdés, Ignacio de Uria, Ramón Iriarte, Benito Fernández Maquieira, Santos Tornero, Bernardo Besa, Manuel de Huici.

Británicos. Guillermo Anderson, Juan Diego Barnard, John Barton, Juan Barry, Carlos Black, Andrés, Juan y Guillermo Blest (irlandeses), Tomás Brown, Bartolomé Browne, Roberto Budge, Onofre Bunster, Paulino Campbell, Jorge Cood, Enrique Cood, Tomás Davies, J. Dowister, Tomás Green, Juan Hurrel, Diego Lang, James Howe, Agustín Livingston, Jorge Lyon, Thomas Latham, Roberto Macfarlane, Eduardo Miller, Juan F. Mooney, Ricardo Parrish, Jorge Perkins, Ricardo Price, David Ross, Jorge Smith, Tomás Smith, Charles Swinburn, Guillermo Thompson, Josué Waddington, Santiago LeFort, Juan Mouat, Guillermo Mackay, Carlos Garland, Jorge RoseInnes, Marcos Walton, Francisco Willshaw, Jorge Young.

Franceses. Aimé Guillaume Cocq, Adolfo Couve, Juan Bautista Cristi, Augusto de la Motte du Portail, Drogett, Enrique

Dubern, Antonio Gac, Luis Lisson, Feliciano Lothelier (Letelier), Antonio Aninat, Carlos Jullian, Bertrand Mathieu, Bernardo Ravest, Juan José Tortel y las familias Bordalí, Camus, Cardemil, Bertrand, Marchant, Rocuant y Delavigne.

Alemanes. Amadeo Gundelach, Gustavo Hörmann, Jorge Huneeus, Hugo Jencquel, Francisco Kindermann, Francisco Nebel, Alfredo Smith, Juan Stuven, Mauricio Gleisner, Guillermo Helfmann, Augusto Kaiser.

Portugueses. Francisco Álvarez, Ángel Márquez, Juan de Mendoza, Antonio Muñoz, Manuel Pérez, Antonio Ramos, Pascual Nogueira.

Italianos. Pedro Alessandri, Juan Bautista Bouza, Darrigrandi, Bernardo del Fierro, Juan delle Piano y Vallebona, Dávila, Antonio Canciani, Grossi, Bernardo Soffia, Miguel Berisso.

Norteamericanos. Enrique Meiggs, Guillermo Wheelwright, Carlos Bipham, Pablo Délano, Augusto Hemenway, Marcos Latham, Eduardo Russel, William T. Thayer.

Suizo. Augusto Gubler.

La gran mayoría de los mencionados constituyeron familias mixtas, cuyos descendientes prosiguieron en el mundo de los negocios, la minería, la técnica, las profesiones y la prestación de servicios, vinculándose también a las actividades del campo, aunque eran secundarias para ellos. Más tardíamente aparecen en la política y las actividades públicas.

Parece indudable que los forasteros constituyeron el grupo básico de la burguesía y que sería difícil imaginarla sin ellos. Sin su aporte no habría existido.

Comerciantes y mineros chilenos y extranjeros

Hay que tener presente también que el elemento tradicional chileno todavía mantuvo sus afanes comerciales, aunque su número era menor y carecía del espíritu dinámico y audaz del extranjero.

La siguiente lista, preparada sin mucho método, es una prueba de lo que decimos: Agustín y Domingo Eyzaguirre, Felipe Santiago del Solar, Manuel Rengifo, Diego Antonio Barros, José Matías López Dorrego, Diego Portales, José M. Cea, Pedro Nolasco Mena, José Vicente Sánchez, José Tomás Ramos, Manuel Zañartu, Francisco Ramírez, Domingo Otaegui Astaburuaga, José y Manuel Cifuentes, José Miguel Cuevas, José Martín Íñiguez, Juan José Mira, Pedro Félix Vicuña, Luis A. Blanco, Luis Aycinena, Martín Manterola, Gaspar y Juan Candamo, Guillermo y Juan José González Hontaneda, Francisco Salvador Álvarez, Domingo Bezanilla, Adolfo Eastman, Manuel Antonio Garretón, José Eusebio Herrera, José María Moreno, Antonio Orrego, Juan A. del Sol, Antonio Valdés, José Toribio Vicuña y José Waddington.

Una consideración especial merece el sector minero que, teniendo características de grupos medios en el siglo XVIII, afirmó su presencia a consecuencias del desarrollo de la producción de plata, cobre y carbón.

La ubicación de los empresarios mineros no es fácil y aquí tenemos una vez más la carencia de un marco teórico adecuado, porque la sociología de los países de Europa y los Estados Unidos no ha dado importancia a ese elemento, que en tales naciones ha tenido menor importancia relativa. En América Latina, en cam-

Dos vistas de la quinta Urmeneta en las afueras de Santiago.

bio, donde la actividad minera ha sido de enorme importancia, no hay una base teórica elaborada con amplitud y solidez.

Desde el punto de vista de la historia social y respecto de Chile, existen diversas etapas que marcan diferencias sustanciales. En el siglo XVI los mineros eran los guerreros encomenderos y constituyeron el estrato superior que disponía de la riqueza y del poder social y público. En el siglo XVIII, desaparecido el rasgo militar y reemplazada la encomienda por el salariado de carácter mestizo, el empresariado minero fue de índole muy distinta. Estuvo constituido por gente de sector medio, originalmente dueños de haciendas de poca extensión del Norte Chico y de algunas localidades del centro, que a través de habilitaciones, préstamos, compañías, mantención de ingenios, adquisición de minerales y transporte, concluyeron de lleno en los trabajos de la minería. Entre ellos figuran con mayor frecuencia los apellidos Álvarez, Marín, Carmona, Gallo, Varas, Sierra, Vallejo, Echeverría, Cortés y Dávila, sin que aparezcan los de la aristocracia santiaguina, aunque excepcionalmente figuran el marqués de Guana y el de Pica.

Durante la Colonia los mineros no amasaron grandes fortunas, su cultura fue muy pobre y no tuvieron voz en los asuntos públicos, como no fuesen sus actuaciones en el Real Tribunal de Minería, reducido a cuestiones específicas. Las actividades de este organismo no fueron comparables a las del Tribunal del Consulado ni a las del Cabildo de Santiago.

Tampoco significó mucho como prestigio social la declaración de nobleza para todos los empresarios mineros ni, en fin, todas las franquicias que desde viejos tiempos acordó la monarquía a los trabajos mineros, hasta constituir un cuadro de privilegios jurídicos.

El sistema de trabajo, la técnica de producción y las características de los empresarios se mantuvieron hasta las primeras décadas republicanas. Se trataba de formas de vida de marcado tono rural, sea por la fuerte dependencia de las haciendas y de los hacendados o por la permanencia de modos de producción y de relación propias de un mundo campesino, en que la extracción de minerales no toma todavía un carácter técnico industrial. Bastaría pensar en la mano de obra, mestiza, remunerada en especies y dinero, sin verdadera especialización, sin disciplina, vagabunda y viciosa, para comprender el nivel social y laboral en que se desenvolvía la minería. El empresario, por su parte, poseído de conformismo o confiado en golpes de fortuna, no desplegaba gran dinamismo; aunque es probable que el mismo sistema económico global no le estimulase. Es muy claro que durante el siglo XVIII el aumento del aporte minero, debido a la intensificación del comercio externo, se efectuó sin cambiar de modalidades.

El vuelco llega en las décadas de 1820 y 1830 con la integración de extranjeros que junto con mineros locales inician la transformación de la minería. Un nuevo espíritu, audaz e imaginativo, dinamiza el quehacer de los mineros, al mismo tiempo que estrechan las vinculaciones con el mercado mundial, mantienen relaciones con las casas comerciales establecidas en los puertos, utilizan nuevas formas de asociación y emplean técnicas renovadoras en las faenas, la elaboración y el transporte de minerales. Sus negocios abarcan desde el desierto de Atacama hasta la región de Arauco y gira en tomo a la plata, el oro, el cobre y el carbón.

Entre los mineros e industriales mineros extranjeros hay que mencionar a los siguientes:

Británicos. Jorge Edwards, Juan Sewell, Roberto y Alejandro Walker, Carlos Lambert (nacido en Estrasburgo), Patrickson, Santiago Cameron, Tomás Chadwick, Eduardo Miller, Santiago Fisher, David Ross, Tomás Garland, Mateo Wilson, Juan Mackay.

Franceses. Francisco Subercaseaux, Adolfo Lapostol.

Italiano. José Antonio Gallo Bocalandro.

Polaco. Borkoski (Borcosque).

Españoles. Federico Guillermo Schell, Pedro Goyenechea, Santiago Escuti Lirimonte, Baltazar Igualt.

Norteamericano. Samuel Havilland.

Argentinos. Carlos Lamarca, Nicolás Vega, Gabriel Alejandro Real de Azúa, Francisco San Román, José Sayago, José Cobos, Juan Zuleta, Telésforo Andrada.

Colombiano. Bernardino Codecido.

El sector chileno fue también muy importante y derivó en gran parte de la minería existente en la región cercana a La Serena y expandida desde tiempos coloniales a las comarcas de Copiapó, Huasco, Andacollo y Limarí. Fue un elemento de empuje con algunas figuras notables por su audacia y constancia, que hicieron fortuna y se elevaron en la escala social.

Un recuento somero nos entrega los siguientes nombres: Ramón Goyenechea, Juan José de Echeverría, Bernardo del Solar, José Tomás Urmeneta, Francisco Ignacio Ossa Mercado, Juan Antonio Ossandón, José Martínez, Gregorio Aracena, Mariano Aristía, Ramón Subercaseaux Mercado, Juan Francisco Cifuentes, Francisco Garín, Miguel Gallo Vergara, José María Codecido, Eugenio Matta Vargas, Felipe Santiago Matta, Pedro León Gallo Goyenechea, Ramón Ignacio Goyenechea, Diego Carvallo Matta, Matías Cousiño, Vicente Subercaseaux, Agustín Edwards Ossandón, Bruno Zavala, Baltazar Ossa, José Joaquín Vallejo, Adrian Mandiola, Rafael Torreblanca, José Antonio y Juan Alemparte, Joaquín Edwards, Jorge Rojas Miranda, Vicente Zorrilla, Pedro Díaz Gana, Francisco Echeverría, Manuel Echeverría, Maximiano Errázuriz, los hermanos Errázuriz Urmeneta, David Mac Iver, Juan y Enrique Sewell Gana, Federico Varela y Santiago Zabala.

Casas de comerciantes ingleses en el cerro Alegre de Valparaíso.

Según puede observarse, en el grupo de mineros casi no aparecen los apellidos tradicionales de la aristocracia santiaguina. Figuran personajes nuevos provenientes del sector medio de origen colonial y algunos descendientes de extranjeros. Es una nueva conformación social que unida a los extranjeros constituyen una burguesía en ascenso.

Una mención especial merecen los alemanes que colonizaron la región de Los Lagos, cuyo número fue apreciable en términos locales y que dieron lugar a una sociedad provinciana escasamente integrada y muy ligada a los trabajos rurales. Constituyeron una agrupación de clase media alta, algunas de cuyas familias, principalmente por sus empresas industriales, alcanzaron riqueza e influencia, integrándose a la burguesía. Estamos pensando en las familias Anwandter, Ebner, Rudlof, Ahrens, Benjerodt, Bernstein, Boettcher, Bischoffshausen, Duhalde, Fehremberg, Friedrich, Fuchslocher, Geisse, Haverbeck, Hoffmann, Holzapfel, Hucke, Hermann, Keller, Klein, Manns, Meyer, Niemeyer, Oelckers, Philippi, Ried, Schmidt, Schwarzenberg, etc.

Un contingente interesante es también el constituido por los chilenos y extranjeros que se ligaron a la sociedad chilena,

Familia alemana en Valparaíso.

que participaron en la minería del guano, el salitre y la plata en el desierto de Atacama, aun en poder de Bolivia.

Chilenos. Diego de Almeyda, José Antonio Moreno, José Díaz Gana, Pedro Gamboni, José Santos Ossa, Francisco Puelma, Francisco Carabantes, Francisco Errázuriz, Matías Rojas Delgado, Rafael Barazarte, Pedro Lucio Cuadra, Uldaricio Prado, Enrique Villegas Encalada, José M. Walker, Román Espech, Manuel Antonio Prieto, Justo Peña, Manuel Ossa Ruiz, José Antonio Barrenechea, Francisco Bascuñán Álvarez y Ángel Custodio Gallo.

Extranjeros. José María Artola, Manuel Barreau, un Barroilet y un tal Fisher, Juan Gildemeister, Otto Harneker y Melbourne Clark.

En las listas incluidas hasta aquí hemos procurado registrar a los personajes en su principal área de actividad, de modo que muchos de ellos deberían aparecer en dos o más de las enumeraciones.

Habría que agregar una lista de suizos, vascos, franceses, alemanes e italianos que participaron en la colonización tardía de la Araucanía, aunque alcanzaron menos relieve que los colonos de Los Lagos. Todo ello sin contar la inmigración libre y dispersa, que deparó más personajes destacados.

Por último, restaría añadir los nombres que giraron fundamentalmente alrededor de la actividad bancaria; accionistas, presidentes, directores y gerentes, como Bezanilla, Matte, Concha y Toro, Ross y, una vez más, los Edwards y los Subercaseaux.

En las enumeraciones que hemos efectuado hemos prescindido de los elementos intelectuales y profesionales, tales como profesores, médicos, ingenieros, científicos y artistas, que por sus actividades, modalidades de vida y pensamiento tuvieron un marcado tono burgués y formaron parte de la pequeña burguesía. No pensamos tan sólo en las grandes figuras, sino en muchos escasamente conocidos, que elevarían el número a más de cuarenta.

Las fortunas burguesas

Para terminar este recuento, una curiosa lista publicada por Vicuña Mackenna en *El Mercurio* del 26 de abril de 1882 para demostrar que se había producido una acumulación de fortunas con anterioridad a la Guerra del Pacífico y que ellas se debían a la inteligencia, el sudor, la industria, el capital y el trabajo. He aquí la nómina y una estimación de los haberes.

Señora Juana Ross De Edwards, benefactora. Valparaíso.	$ 16.000.000
Agustín Edwards Ross, banquero y hacendado. Valparaíso.	9.000.000
Arturo Edwards Ross, estudiante en europa.	8.000.000
Carlos Lambert, minero. Coquimbo.	15.000.000
Señora Isidora Goyenechea de Cousiño, propietaria de minas de carbón. Lota.	14.000.000
Emeterio Goyenechea, propietario y capitalista, Santiago.	6.000.000
Juan Brown y familia. Valparaíso.	10.000.000
Señores Matte, banqueros y propietarios. Santiago.	9.000.000
Manuel Irarrázabal, hacendado. Santiago.	4.000.000
Francisco Subercaseaux, banquero. Santiago.	3.000.000
Federico Varela, capitalista y minero. Santiago.	3.000.000
Maximiano Errázuriz, propietario de minas de carbón y hacendado de Santiago.	3.000.000
Señora Carmen Quiroga de Urmeneta, propietaria, en Europa.	2.000.000

Adolfo Eastman, propietario y capitalista en Europa. $ 1.000.000

Luis Pereira, propietario y capitalista. 2.000.000

Diego Ovalle, propietario y capitalista. Santiago. 2.000.000

José Agustín Luco, propietario y capitalista. Santiago. 2.000.000

Francisco Puelma, minero y salitrero. Santiago. 1.000.000

Carlos Lamarca, minero y salitrero. Valparaíso. 1.500.000

Francisco de Borja Huidobro, hacendado. Santiago. 3.000.000

José Tomás Ramos, comerciante y azucarero. Valparaíso. 4.000.000

Julio Bernstein, industrial. Viña del Mar. 1.000.000

José Francisco Vergara, propietario. Viña del Mar. 1.000.000

José Díaz Gana, propietario, minero. Santiago. 1.000.000

Rafael Barazarte, minero e industrial. Atacama. 3.000.000

Señora Candelaria Goyenechea de Gallo,
    propietaria de minas. Copiapó. 2.000.000

Señora Magdalena Vicuña de Subercaseaux, propietaria. 1.500.000

Manuel Valenzuela C., hacendado. Santiago. 2.000.000

Nicolás Naranjo, minero. Huasco. 2.000.000

Pablo Muñoz, minero, Coquimbo. 1.000.000

Vicente Zorrilla, minero. Coquimbo. 1.000.000

Borjas Valdés, testamentaria. Santiago. 1.500.000

José Rafael Echeverría. Santiago. 1.000.000

Bruno González, testamentaria. Talca. 1.500.000

Juan Domingo Dávila, hacendado. Santiago. 1.000.000

Antonio Escobar, comerciante y minero. Santiago. $ 2.000.000

Rafael Correa, hacendado. Santiago.   3.000.000

Ángel Herquiñigo, testamentaria. La Serena.   1.000.000

Carmen Cerda De Ossa, propietaria. Santiago.   3.000.000

Felipe Eugenio Cortés, hacendado. París.   2.000.000

Santos Díaz Valdés, hacendado. Santiago.   1.000.000

Eleodoro Gormaz, hacendado y banquero. Santiago   1.000.000

Manuel Covarrubias, hacendado. Santiago.   1.000.000

Señora Elena de Buzeta, hacendada. La Ligua.   1.000.000

Carmen Santa María de Lyon, propietaria. Valparaíso.   1.000.000

Federico Schwager, propietario de minas de carbón. Coronel.   1.500.000

Carlos Anwandter, cervecero. Valdivia.   1.000.000

Miguel Collao, hacendado. Concepción.   1.000.000

Ramón Rosas Mendiburu, hacendado. Linares.   1.500.000

Sra. María Ana B. de Ossa, propietaria. Londres.   3.500.000

Antonio Toro, hacendado. Santiago.   1.500.000

Señora Encarnación Fernández de Balmaceda,
     propietaria. Santiago.   1.000.000

Claudio Vicuña, hacendado. Santiago.   1.500.000

Nazario Elguin, minero. Santiago.   1.500.000

Fernando Lazcano, hacendado. Curicó.   2.000.000

Francisco Méndez Urrejola, hacendado
     y ganadero. Concepción.   1.000.000

Francisco Cortés Monroy, hacendado. Ovalle. $ 1.000.000

Bernardino Bravo, industrial y propietario. Santiago.   1.000.000

N. Argandoña. Concepción.   1.000.000

TOTAL $ 178.500.000

Aun cuando estimemos que los datos son poco confiables, los resultados que arroja son demasiado impresionantes para no tomarlos en cuenta y no sacar algunas conclusiones de bulto.

Las fortunas claramente distinguibles como de origen burgués (minería, industria, comercio y crédito) suman $ 134.500.000 y las provenientes de la agricultura, $ 24.500.000. Las primeras representan el 84,3% y las segundas el 15,3%.

Las ocho mayores fortunas corresponden a familias burguesas, suman $ 81.000.000 con el 50,7% del total, lo que indica una altísima concentración.

Un hecho interesante es que sumadas las fortunas de doña Juana Ross y sus dos hijos, Agustín y Arturo Edwards, representan $ 33.000.000, la fortuna que habría dejado Agustín Edwards Ossandón.

Los datos que hemos expuesto demuestran que hubo una extensa base material capitalista, por más que fuese periférica y dependiente del gran capitalismo. Igualmente, prueban que el sector social, nacional y extranjero radicado en el país fue de grandes proporciones y que sobrepasó por su riqueza y su manejo de los negocios a la aristocracia tradicional. No tardó tampoco en invadir el campo de la política.

La nueva ética burguesa

Es necesario, ahora, considerar si se produjo la transformación ética que da lugar al nuevo estilo del capitalismo y de la existencia burguesa.

Está fuera de duda que a partir de la Independencia toda la actividad económica entra en un proceso de aceleración: los negocios adquieren dinamismo, se exploran nuevas posibilidades y se buscan combinaciones complejas. El quehacer pausado de antes es arrastrado por una preocupación constante, febril, que mueve a los empresarios de manera infatigable.

Si hasta entonces los negocios habían sido una manera honorable de ganarse la vida, con pocas esperanzas de gran fortuna, ahora la acumulación de dinero y capitales pasa a ser un objeto en sí. Se busca la riqueza creadora de riqueza, en un trayecto sin fin.

La competencia se hace áspera, debe recurrirse a todos los medios. El cliente ya no es visto como una persona a quien se sirve y de la cual se obtiene un provecho honesto, sino que se le explota y engaña con poca vergüenza. El acaparamiento y la especulación son frecuentes y en los altos sectores el agio, la quiebra fraudulenta y la estafa hacen su avance laberíntico. Cuando hay oportunidad se defraudan los intereses fiscales, en forma burda o sutil. El mismo Portales, presentado siempre como paradigma de honradez, en sus trámites aduaneros estaba atento a poner en práctica alguna triquiñuela para pagar menos derechos.

Ese mundo de negocios y negociados es el que describió Paul Treutler en Valparaíso en la década de 1850, donde la especulación de minas, aunque dibujada de manera caricaturesca, muestra cómo estaba alterada la gente con las transacciones.

Es el mismo fenómeno que describe Ramón Subercaseaux hacia la década de 1870: "Entró no sé qué fiebre de especulaciones, sobre todo a propósito de las minas del norte, que agitó hasta a los hombres más circunspectos y metódicos de la ciudad.

"El oficio de corredor de comercio se formó espontáneamente y se abrieron los primeros escritorios de juego de bolsa en la calle de los Huérfanos. Bancos nuevos aparecieron dos o tres y las sociedades anónimas se formaban casi diariamente, ganándose enormes comisiones los agentes o inspiradores de cada nueva combinación. El mineral de Caracoles dio por sí solo base a un sinnúmero de empresas, que más que de minas eran de papel; muchas hubo que liquidar poco después, dejando a los más listos de los accionistas enriquecidos como por encanto, y a los menos empobrecidos o totalmente arruinados".

Los efectos del dinero son señalados en 1858 también por Pedro Félix Vicuña, agudo observador de su época que en *El*

La Bolsa de Comercio de Valparaíso, principal mercado financiero del país.

porvenir del hombre comenta en forma crítica: "El lujo es una pasión que se desarrolla entre nosotros no en relación de nuestras ganancias ni de la renta constante de la propiedad. La idea de aparecer ricos, desde que la riqueza es un poder político ha invadido a todas las clases; la ostentación de la riqueza es entonces un impulso aristocrático, que nuestra sociedad ha recibido de la organización política establecida entre nosotros. El goce, el placer y satisfacción que el dinero puede inspirar a un hombre verdaderamente rico no se halla entre nosotros, desde que se carece de todo lo confortable de la opulencia, y se trabaja en la ostentación de lo que pueda deslumbrar los ojos ajenos. Nuestro lujo consiste en la ropa, en muebles y coches. En el pueblo más industrial en esta clase de productos Chile ha alcanzado un renombre por su riqueza; en París los grandes fabricantes de carruajes, los más afamados ebanistas, los sastres, modistas, etc.; todos los que tienen el comercio, de lujo nos conocen por un pueblo muy rico. El sacerdocio ha entrado en esta carrera y los más ricos tejidos y bordados de París y Lyon en oro y plata vienen a darle esta ostentación y brillo, que es hoy nuestra pasión dominante. Cuánto haya de religioso en esta ostentación y cuánto de vanidad, sólo él podrá explicarlo.

"Lo que hay de más extraordinario es que los hombres verdaderamente ricos que hay entre nosotros no tiene lujo alguno y sus gastos son mucho menores que los que sólo alcanzan una renta mediocre o tiene muy escasos capitales. Entre ellos el lujo consiste en abrir su caja llena de documentos y escrituras; y decir separándolas: Todos estos deudores dependen de mí, todos tienen que seguir mis banderas, el presidente de la república, sus ministros, están bajo mi férula; ellos no me podrán negar lo que yo solicite, mayor gloria es mandar a los que mandan, mi oro vale mucho más que el poder, pobre del que me resista, irá a la cárcel y será arruinado. Este lenguaje no es una figura, es un hecho de que todo Chile es testigo, y se repite cada día.

"¿Quiénes llenaban en su mayor parte esta lista? Los amigos del lujo, los que por alcanzar influencia política gastaban más que sus rentas, los que jugaban su fortuna en un golpe de dados para duplicar su riqueza, en una palabra, cuántos querían brillar y aparecer ricos. No era ésta la mitad del mal; el eco triste de estas dolencias morales, que nuestros pueblos presenciaban, iba a resonar en nuestros campos, donde un nuevo recargue de obligaciones gratuitas al inquilino, la subida de los arriendos y la explotación sin misericordia del trabajo del pobre, era el recurso más expedito para llenar las brechas que el desorden y la inmoralidad hacían a su fortuna. Entretanto el capital todo lo iba absorbiendo y colosales fortunas se iban levantando por la usura, que por medio de esta cadena mágica, explotaba al propietario y a su infeliz inquilino".

Insistiremos en que se trata sólo de una intensidad diferente, de modo que no tendría objeto indicar que en la Colonia también había acaparamiento, estafas y gasto superfluo. Pero todos estaremos contestes en que la mentalidad del comerciante Riesco es imposible de concebir a mediados del siglo XIX.

También es cierto que el *ethos* capitalista adquirió mayor desenvoltura después de la Guerra del Pacífico.

Desde que abundaron en el país, los extranjeros hicieron un gran aporte a la audacia y la imaginación, porque tenían otra mentalidad económica, basada en el espíritu de empresa, es decir, una identificación con el trabajo creador y un empeño por llevarlo adelante venciendo dificultades y poniendo un gran esfuerzo y riesgo personal, hasta la satisfacción íntima de haber alcanzado los objetivos propuestos. Podía accederse a la gloria de la riqueza y la técnica: Wheelwright tiene su monumento y también los criollos Juan Godoy y Cousiño. El nombre de otros figura en calles de diversas ciudades y, por último, en las etiquetas de los vinos. Todo ello es manifestación de una sociedad complacida con sus pioneros y empresarios.

El éxito del extranjero y el desplazamiento del nacional no se debió tanto a aptitudes y "mentalidad de la raza" como tan ambiguamente señaló Encina, sino que provenía de una distinta manera de ser, propia de otro ámbito cultural y basada en una filosofía que valoraba el aspecto material y el éxito del individuo. El liberalismo, el utilitarismo y el pragmatismo, que avanzaban en Europa y los Estados Unidos, llegaban junto con los cargamentos y los capitales de los negociantes foráneos.

A la vez debe entenderse que éstos provenían de economías altamente desarrolladas, que conocían las técnicas de producción y comercio y mantenían vínculos con las fábricas, las empresas de navegación, las casas comerciales y la banca de sus países. Hay que pensar cuánto favorecieron a Wheelwright, Gibbs o Clark esos contactos y el saber práctico.

Lambert, Meiggs, Edwards y Bunster: casos notables

Los trabajos mineros, tan atractivos para los negociantes audaces, fueron un campo propicio para el nuevo espíritu, según muestran muchos casos, algunos de ellos notables, como los proyectos y realizaciones de Carlos Lambert.

Dotado de inteligencia y agudeza para los negocios, más algunos capitales y buenos conocimientos técnicos, el alsaciano se compenetró rápidamente con las características de la minería chilena y trazó líneas muy atrevidas.

Identificado con los trabajos mineros de Coquimbo y poseyendo bastante influencia, logró que la Asamblea Provincial aprobase en 1825 la contratación de un empréstito con la Compañía Anglo-Chilena, de la que era mandatario, con el fin de financiar la expedición libertadora de Chiloé, que planeaba el gobierno con muchos tropiezos por falta de dinero.

El préstamo, de 120.000 pesos, sería garantizado con bonos del Estado de 600 pesos, que la Compañía adquiriría bajo la par, a 500 pesos. El interés anual sería de 6% y el servicio de la deuda se haría cada cuatro meses, debiendo quedar extinguida en año y medio. Pero además de esas condiciones tan ventajosas, Lambert obtuvo que se autorizase la exportación de plata en pasta, hasta entonces prohibida, pagando derechos de cuatro reales por marco. Los bonos del empréstito serían admitidos en las aduanas y tesorerías hasta por la mitad de los derechos adeudados por la exportación de plata en pasta y cobre. La regla general era admitirlos sólo en un tercio.

La audacia del proyecto era tan grande que, al parecer suscitó graves dudas y finalmente no se llevó a la práctica. En su lugar, se aceptó un préstamo de las compañías inglesas por 100.000 pesos, a cambio de una rebaja de cuatro reales por quintal de cobre exportado.

Comenzaba a emplearse al Estado en negocios más que dudosos.

En las acciones particulares de Lambert es bien conocida la adquisición que hizo a precio miserable de las escorias de Guamalata y de otros ingenios de cobre, que reprocesadas en hornos de reverbero produjeron cantidades apreciables del metal rojo, con grandes beneficios para el emprendedor alsaciano.

El uso de aquellos hornos fue la base de la gran fortuna de Lambert y de diversas fundiciones del Norte Chico y de Arauco.

Las tareas que acometió William Wheelwright, relacionadas con el ferrocarril de Copiapó a Caldera, el de Santiago a Valparaíso, la navegación a vapor y la explotación del carbón de Arauco, son ejemplos también notables.

Del mismo modo, deben recordarse las actuaciones de Henry Meiggs, que arribó a Talcahuano huyendo de una tormenta en contra de él desatada en San Francisco de California a causa de una considerable estafa con bonos municipales. No obstante ese antecedente y haberse iniciado una gestión de extradición que no tuvo éxito por defecto de los mecanismos jurídicos, obtuvo durante el gobierno de Manuel Montt la contrata para construir el puente ferroviario del río Maipo y luego un tramo de la vía. Cumplió adecuadamente a pesar de las dificultades técnicas y tuvo una ganancia muy moderada. Obtuvo así la confianza del gobierno y pudo presentar un plan mucho más atrevido para la continuación del ferrocarril de Santiago a Valparaíso, que por problemas financieros, técnicos y mala organización se había extendido sólo entre el puerto y Quillota.

Su proyecto fue realizarlo en tres años por una suma de 6.000.000 de pesos, con un premio de 500.000 pesos si quedaba concluido antes de ese período y 10.000 por cada mes en que se anticipara la entrega. El ministro don Antonio Varas, hombre inteligente y práctico, aceptó la propuesta, que a todos parecía de muy difícil realización. La construcción del primer tramo había sido un fracaso tras otro.

Meiggs cumplió estupendamente. Organizó las faenas en cuatro sectores simultáneos, contó con capataces de confianza y se ganó la voluntad de los trabajadores pagándoles puntualmente, dándoles buena alimentación y un trato humano y justo. En los campamentos había una disciplina bien reglada. Al clarear el día una campana ponía a todos en movimiento, a las 8 se servía el desayuno y después de un descanso de media hora se iniciaban las labores. A las 12 se almorzaba, esencialmente porotos cocidos con manteca y ají, luego se permitía una siesta de hora y media y se continuaban los trabajos hasta la caída del sol. Había luego un reparto de pan, cada uno arreglaba su comida y a las 9 un toque de campana indicaba que todos debían disponerse a dormir en la ranchería.

El estilo del empresario norteamericano era desconocido en Chile y llamó la atención de Vicuña Mackenna, que en carta a Bartolomé Mitre lo describía con entusiasmo: "Humano, lo adoran sus trabajadores. Es la providencia de todos los pobres y ha llegado a adquirir entre ellos cierto prestigio sobrenatural, porque muchas gentes en nuestros campos le creen brujo. Es sumamente generoso y siembra con placer miles para coger millones. Es un verdadero filántropo. Viste casi como el pueblo y trabaja a la par con él y, sin embargo, tiene suntuosas casas y una quinta que le ha costado trescientos mil pesos".

La obra del ferrocarril quedó concluida en dos años, de suerte que además de la ganancia como contratista, tuvo derecho a un premio total de 620.000 pesos.

Amigo de la teatralidad, como dice su biógrafo Watt Stewart, Meiggs montó una inauguración fastuosa, con salida

Billete de banco de la década de 1890. Por estar emitido en libras esterlinas, cada una equivalente a 50 pesos de oro, es un buen ejemplo de la vinculación de la oligarquía con los negocios internacionales. El orgullo de la familia está presente en la figura de Agustín Edwards Ossandón.

de trenes desde Valparaíso y Santiago y grandes ceremonias en Llaillay. Hubo actos religiosos, cañonazos, fuegos artificiales, arcos triunfales, pitazos y campanadas de locomotoras, banquetes, música, brindis y libertad de abrazos y emociones. Era el himno al progreso y sus hombres.

Entre los chilenos también prendió el nuevo espíritu, especialmente en los que estaban en contacto con los extranjeros o descendían de ellos. El caso que más llama la atención es el de Agustín Edwards Ossandón, que tuvo la mayor fortuna en Chile.

Hijo del médico inglés Jorge Edwards, negociante y minero, y de la dama serenense Isabel Ossandón Iribarren, desde su nacimiento tuvo una situación más que holgada; pero su fuerte personalidad, cuando aún era un adolescente, le llevó a emprender negocios por su propia cuenta. Conduciendo desde La Serena escuálidos cargamentos de mercancías y alimentos, se dedicó a aprovisionar a los mineros de Huasco y luego a los de Copiapó. En sus tratos logró conocer perfectamente los trabajos de la minería, sus ventajas, riesgos y manejos, que le dejaron una experiencia muy válida: más seguros que la explotación de minas eran los negocios con los mineros, aprovisionarlos, concederles préstamos, adquirir sus metales, como asimismo mantener fundiciones, exportar los metales y, en fin, aprovechar cuanto negocio se presentase en torno a la minería.

En esas actividades logró aumentar su capital de manera asombrosa. Participó en los negocios de Chañarcillo, tuvo una casa de compra de metales, prestaba dinero y aceptaba depósitos, ejecutó sin piedad a sus deudores, se hizo de "barras" mineras temporalmente, creó en sociedad una fundición en Caldera y otra en Chañarcillo, habilitó a mineros del salitre, formó sociedades con ellos, fue el principal socio del ferrocarril entre Copiapó y Caldera y contribuyó también al financiamiento del de Santiago a Valparaíso. Radicado en esta última ciudad, fundó el Banco de Valparaíso, que tuvo agencias en numerosas ciudades y oficinas en Estados Unidos, Inglaterra, Alemania y otros países.

Edwards Ossandón fue el principal comerciante en cobre del país y uno de los más poderosos del mundo, cuando Chile era el primer productor. Esa situación le permitió realizar en 1870 la operación más audaz, que debió comprometer al grueso de su fortuna. Para desbaratar las maquinaciones de los compra-

Billete del Banco Bunster.

José Bunster, empresario de la Frontera.

dores europeos y norteamericanos, que mantenían precios bajos, adquirió en Chile todo el cobre que pudo y lo retuvo en los patios de las fundiciones y de los puertos. Ordenó a sus agentes en el extranjero que también almacenasen sus cargamentos y formó un grueso *stock* en el malecón Edwards en Birkenhead, Liverpool. El resultado no se dejó esperar: en dos años el precio casi se duplicó y la fortuna de Edwards subió desmesuradamente.

En 1878, a los 63 años de edad, le sorprendió la muerte, mientras se encontraba en sus devociones de buen burgués, sentado en un sillón, con sus libros, la correspondencia mercantil y los boletines de la Bolsa.

En un medio muy distinto se desempeñó José Bunster, hijo del inglés Onofre Bunster y nacido en Valparaíso en 1837. Sus negocios los orientó hacia la Araucanía y prosperó notablemente en la época de su integración final. Fue proveedor de las tropas y organizador del transporte mediante convoyes de carretas. Establecido en la pujante y hermosa ciudad de Angol, convertida en centro de la vida fronteriza, erigió un molino de vapor con maquinaria moderna y luego otros tres en diversos pueblos. También estableció aserraderos mecánicos y se hizo de numerosos predios agrícolas. Coronó sus esfuerzos con la creación del Banco de José Bunster.

Otros chilenos que demostraron gran decisión en sus negocios y formaron "imperios" fueron Matías Cousiño, José Santos Ossa, José Tomás Urmeneta, Rafael Barazarte y Ramón Subercaseaux, a los que habría que agregar sus hijos y viudas tan renombradas como Candelaria Goyenechea, Isidora Goyenechea, Juana Ross, etcétera.

Los casos mencionados solamente corresponden a los de mayor éxito, quedando junto a ellos los numerosos personajes que hemos registrado bajo diversos conceptos.

Fusión de la aristocracia y la burguesía. Posesión de la tierra

En un país pequeño como Chile, la red de negocios era apretada e incluía diversidad de tareas en mano de un mismo empresario o mediante la participación en compañías y sociedades: comercio pequeño y en grande, interno y externo, transporte urbano, caminero, ferroviario y marítimo, producción artesanal y fabril, minería, fundiciones, préstamos, depósitos, descuentos y, en general, toda actividad bancaria, incluida la emisión de billetes, de suerte que todas esas funciones eran la base de una burguesía importante y de gran presencia en los puertos, en las regiones mineras y que terminó concentrándose, junto con sus capitales en Valparaíso y Santiago. Además de asociarse en los negocios, las familias burguesas se unieron por lazos matrimoniales y de amistad y no tardaron en contraer semejantes vínculos con la aristocracia tradicional, que iba siendo suplantada en la posesión de la riqueza, la influencia y el poder. Se produjo así el fenómeno de la fusión de los altos sectores sociales, incluidos en forma muy importante los extranjeros y sus descendientes, originándose lo que se ha denominado oligarquía.

La aristocracia no opuso resistencia a la mezcla, sino que, al revés, con espíritu muy abierto, admitió el ascenso de los nuevos personajes, sea porque ella misma poseía rasgos burgueses o porque las fortunas recién formadas tenían un brillo muy atractivo. También influyó la modernización, el prestigio de los extranjeros y sus cosas, el espíritu liberal y un estilo de vida más desenvuelto y ostentoso.

La confluencia de las voluntades y la actitud anímica, representan características propias, que diferencian el fenómeno chileno del europeo.

La burguesía ascendente, a su vez, y tal como ha ocurrido en todas partes, procuró imitar algunos elementos de la vida aristocrática. Buscó el parentesco con las familias tradicionales y adquirió grandes propiedades agrícolas que otorgaban, en el plano social, una estimación de sabor arcaico. Se pasaba a ser señor con tierras y a manejar grupos de campesinos obedientes. La enorme casa patronal, con rango de palacete o *châtelet,* estaba siempre dispuesta para recibir a familiares y amigos en vacaciones. A su alrededor, un parque de especies exóticas, aromos de Australia, castaños de la India, pinos del Himalaya, otros con guapos nombres científicos, *Sequoya gigantea, Cedrus deodara,* y entremedio un guaye de aspecto muy criollo, dignificado con un pomposo *Nothofagus oblicqua,* creaban el ambiente de fantasía tan caro a la burguesía chilena. Las familias de rancio linaje tampoco escapaban a la fascinación.

Pero el gran latifundio tenía un valor económico que no puede desconocerse. Brindaba ganancias bastante seguras y era una garantía, una especie de último refugio ante los riesgos imprevisibles del comercio, la minería o las finanzas.

También es cierto, como lo señaló tempranamente Claudio Gay, que los hombres enriquecidos volcaron a la agricultura parte de su voluntad innovadora, abriendo canales, introduciendo nuevos cultivos, especies animales y técnicas desconocidas en el país. La vitivinicultura, con importación de cepas y técnicos franceses (Bachelet, Bertrand, etc.) fue uno de los rasgos más notorios y simpáticos, que el país siempre deberá agradecer. Ahí están el aporte de José Tomás Urmeneta, Jorge Délano, Macario Ossa, Adolfo Eastman, Silvestre Ochagavía, el de Ramón Subercaseaux en la "chacra" del Llano y especialmente en la tierra santa de Macul y Pirque. El de los industriales mineros Errázuriz de Panquehue, por esa razón denominados los Errázuriz Panquehue, los Concha y Toro, los Tocornal, la familia Cousiño y, en fin, muchos otros esfuerzos que lucieron y siguen luciendo en

Faenas en la producción de vinos. Las inversiones de la burguesía en la agricultura contribuyeron a la modernización del sector en la región de Santiago.

las botellas el nombre de sus fundadores o que, con espíritu más conservador y aristocrático, fundiendo el viejo y el nuevo estilo, buscaron en el santoral cristiano la designación de su producto, agradecidos de tanta bondad celestial.

Adoptar las cepas y la técnica vinícola francesa era apoderarse del *bouquet* señorial de la vieja Francia y también de su burguesía.

Todo ello suscitaba admiración y satisfacía al oligarca después de tantos años de trabajo y desvelos.

La posesión de la tierra tuvo cambios muy significativos en la segunda mitad del siglo xix, según puede observarse en el cuadro siguiente, donde hemos señalado con un asterisco (*) las haciendas poseídas por burgueses o sus descendientes. Se trata de las haciendas que en 1897 tenían un avalúo superior a 500.000 pesos.

Provincia de Coquimbo

Illapel	701.600	Manuel Irarrázabal

Provincia de Aconcagua

Quilpué*	1.700.000	Juana Ross de Edwards
Catemu Alto	935.000	Carmen García Huidobro
Santa Rosa	797.500	José Ignacio García Huidobro
San Vicente	1.143.695	Javier García Huidobro
Alicahue	510.000	Ignacio Silva Ureta
San José de Piguchen*	715.000	José Tomás Ramos
San Régis	1.300.000	Rodolfo Hurtado
Escorial*	926.782	Guillermo Bron
Panquehue*	1.714.900	Test. Maximiano Errázuriz
El Sauce	506.330	Daniel Oliva
El Tártaro*	665.000	Francisco Subercaseaux
Lo Vicuña*	660.000	Francisco Subercaseaux

Provincia de Valparaíso

San Isidro★	625.000	Agustín Edwards R.
La Peña★	600.000	Agustín Edwards R.
Los Nogales★	1.200.000	Agustín Edwards R.
La Trinidad	815.000	Vicente Velasco
Lo Urmeneta★	568.410	Adolfo Eastman
Hacienda de Limache★	606.684	Test. Tomás Eastman
La Palma★	550.000	Rafael Ariztía
Rabuco	539.000	Virginia Flores V. de García Moreno
El Melón	750.000	J. Réjis Cortés
Las Palmas	550.000	Claudio Vicuña

Provincia de Santiago

Lo Campino, Echeverría, Cerrillos	500.000	Mercedes Álvarez V. de Vergara
Culiprán★	668.000	Carlos Lambert
San Juan	500.000	Vicente Balmaceda
Ñuñoa★	524.085	Luis Gregorio Ossa
Subercaseaux★	504.040	Ramón Subercaseaux
Nos★	522.040	Ramón Subercaseaux
Macul★	1.092.209	Isidora Goyenechea de Cousiño
El Marco★	645.574	Isidora Goyenechea de Cousiño
Lo Herrera	1.053.600	Miguel Pacífico Herrera
Los Quillayes	594.800	Enrique S. Sanfuentes
Mallarauco	1.460.000	Patricio Larraín
El Convento	631.000	Teófilo Cerda
El Colegio	900.000	Claudio Vicuña
Santa Rosa	579.953	Servando Arteaga
Ochagavía	557.870	Silvestre Ochagavía

Provincia de O'Higgins

El Llano★	1.034.000	Emiliana Subercaseaux
El Cruceral★	679.800	Antonio Subercaseaux

Pirque*	912.000	Magdalena Vicuña de Subercaseaux
Las Majodas*	858.000	Francisco Subercaseaux
El Principal	726.000	Vicente García Huidobro
Guindos*	544.500	Benjamín Matte
Aculeo Adentro	831.763	Test. José Letelier
Viluco	1.179.459	Rafael Larraín Moxó
Santa Rita	693.000	Domingo Fernández Concha
Hijuela Larga*	704.000	Juana Ross de Edwards
Punta de Cortés*	990.000	Milagro Manselli de Sánchez
Los Torunos	616.000	José Gregorio Donoso
Compañía	548.856	Aníbal Correa y Toro
Delicias	503.118	Josefa Correa V. de Pardo
Romeral	503.118	Carlos Correa y Toro
Las Higueras	584.856	José G. Correa y Toro
Graneros	1.168.605	Test. Manuel J. Irarrázabal
Cachapoal	500.000	Crisólogo Ortega
Cedao	650.000	Recaredo Ossa

Provincia de Colchagua

San José del Carmen	625.000	Federico Errázuriz
El Tambo	614.000	Francisco de la Prida
Pataguas	550.000	Francisco de B. Eguiguren
San Ignacio*	546.300	Enrique De-Putron
Almahue Nuevo*	1.154.000	Roberto Lyon
Rinconada	687.330	Leoncio Echeverría
Isla y Yáquil	500.000	Marcelino León
Huemul*	675.000	Soledad Vergara V. de Garín
La Puerta	850.000	Francisco A. Vergara A.

Provincia de Talca

San Pedro y Lontué	700.000	J. Gregorio Correa
Huerta y Cerrillo	650.000	José Manuel Encina

Provincia de Ñuble

Zemita	1.200.000	Juan Francisco Rivas
Virgüin	1.800.000	Juan Francisco Rivas

Provincia de Concepción

Calicheo	550.000	Test. Manuel Zañartu
Boca de Maule★	2.000.000	Test. F.W. Schwager
Puchoco Rojas	1.280.000	Test. F.p. Mora
Parque Cousiño (Lota)★	692.945	Isidora Goyenechea de Cousiño

Provincia de Biobío

Santa Bárbara	803.500	Test. Javier Luis de Zañartu
Santa Fe	650.000	Antonio Aninat
Destilación Santa Fe★	500.000	Isidoro Von Montenacken y Cía.
San Ignacio★	1.080.000	Sucesión Francisco Puelma

Provincia de Malleco

★	1.088.700	José Bunster
Santa Ana	500.000	Lorenzo de la Maza

Provincia de Valdivia

La Teja★	615.000	Anwandter Hnos.

Puede observarse que el avance de la burguesía en el campo fue impresionante. La mayor parte de las haciendas que superan el avalúo de un millón de pesos es propiedad de ese sector.

Más destacado aún es el fenómeno de concentración de las propiedaes rurales en manos de los grandes personajes de la burguesía. Si a las extensas haciendas ya mencionadas agregamos otras de menor valor, la suma de los avalúos es de 3.864.830 pesos para Juana Ross de Edwards (7 predios), 3.409.390 para Isidora Goyenechea de Cousiño (9 predios), 2.868.938 para Agustín Edwards Ross (4 predios) y 2.843.000 para Francisco

Subercaseaux (5 predios). El caso tan singular de José Bunster, que además de una gran hacienda tuvo otros once predios de menor valor en Biobío, Malleco y Cautín, representa un avalúo total de 1.808.750 pesos.

Ningún propietario rural de la vieja aristocracia alcanzó cifras tan altas.

Influencia y encanto de la burguesía europea

El tono burgués de la existencia estuvo íntimamente ligado a la cultura y las costumbres europeas, porque la burguesía chilena y, en general, la americana, se sintió parte del gran mundo burgués, en una actitud imitativa perfectamente razonada, sin que dejase de tener motivaciones inconscientes. Europa era el progreso, la ciencia, el arte, el buen gusto y el tono de los altos círculos sociales y no haberlo entendido así habría sido mantenerse en un ambiente local chato, grosero, atrasado y carente de prestigio. El desarrollo de la ciencia y del pensamiento, el progreso económico y el espíritu liberal, eran parte de un cosmopolitismo que embargaba a todas las burguesías. Por eso la visita al Viejo Mundo, la contratación de sus intelectuales y técnicos y la suscripción a la *Revue des Deux Mondes,* era más que una postura vanidosa y de moda. Era situarse en los puntos más elevados del momento histórico o, mejor, de toda la historia. La ópera debía ser gustada, con todas sus truculencias y ternuras, en la Scala, el Covent Garden, el Metropolitan, el Teatro de Manaos, el Municipal de Santiago y el de Copiapó.

Todo eso y muchas otras cosas eran la gran creación de la burguesía, de suerte que los hombres nuevos de Chile y detrás de ellos los aristócratas, tenían que sentir su influjo. La dependencia de Europa en todo orden de cosas no era vista en forma conflictiva, sino como una relación dignificante en la que había que participar plenamente. Quizás el burgués se sentía europeo en cualquier lugar del mundo, integrando una red social que marcaba el ritmo de su tiempo y del porvenir.

Llama la atención que muchos miembros de la burguesía chilena reclamasen un pie de igualdad junto a la aristocracia y la burguesía europea comentando el alto nivel alcanzado por ellos, como se expresa en las memorias de la época con palabras explícitas o implícitas. Pero en realidad no podían competir en antecedentes ni riqueza, aunque sí en cultura y buena educación, y de ahí el afán de aparecer en un plano de semejanza.

Julio Subercaseaux menciona de paso el menosprecio de la nobleza francesa, con la que no se sentía a gusto, y en todos pesaron con disimulo los adjetivos de "trasplantados" y "rastacueros".

Eduardo Balmaceda se hace cargo de la herida y, refiriéndose a los Cousiño, comenta: "Siempre hemos oído recordar los esplendores de esta familia que hasta en las capitales de Europa dio que hablar por el fausto de su vida. Don Luis Cousiño, en el *tout Paris* de aquellos años se hizo notar, y en tiempos en que ri-

La Alameda, paseo aristocrático en la década de 1870.

valizaban los príncipes rusos y los potentados de Inglaterra, este señor, que a más de ser millonario era todo un gentilhombre, tuvo en aquellos mundos su sitio de honor.

"Muchas veces se ha tildado de rastacueros a nuestros adinerados compatriotas que vivieron con gran tren en el Viejo Mundo y nada más importa; derrocharon en general su dinero como grandes señores, como lo habría hecho un grande de España o un par de Inglaterra. Pero es claro que de todo hay en la viña del Señor y no faltaron algunos que por sus excesos justificaron el odioso apodo. No sé si podrá llamarse rastacuerismo el que el señor Cousiño visitando al famoso joyero Boucheron, se entusiasmara con un collar de perlas que habían sido enfiladas para una soberana y que al día siguiente lucía en el gracioso busto de su esposa, o si el que doña Isidora Goyenechea, visitando en otra ocasión un afamado mueblista de París, hallara justamente los muebles que ella deseaba para el salón de honor de su palacio de Santiago y que mediante un sobreprecio fueron embalados no para su Alteza Real a que estaban destinados, sino para la residencia de la calle de Dieciocho. ¡Lujos que podía darse un millonario del Chile de cuarenta y ocho peniques!".

Era un orgullo para el memorialista que un chileno pudiese disputar mano a mano con la realeza. Es notable, por otra parte, la valoración del derroche como un indiscutible mérito social.

En el fondo, Balmaceda está dando expresión al sentimiento de la burguesía chilena de ser parte de la burguesía universal.

Esa postura facilitaba el éxito de la burguesía europea y norteamericana y de su capitalismo expansivo. Charles Morazé comienza su brillante *Apogeo de la burguesía* con frases exultantes: "¡Época de 1900, la buena época! ¡Qué orgullo ser burgués y qué orgullo ser europeo! Alrededor de los verdes tapices de Londres, de París o Berlín se decide la suerte del planeta".

Habría que agregar al historiador francés, preocupado más que nada de la influencia en Asia y que rozó en conceptos no bien calibrados la realidad latinoamericana y chilena, que en estos rincones también había una burguesía convencida de participar en la dirección del orbe, al menos en su espacio, y pronta a acoger las sugerencias de la europea y a ensamblar sus intereses.

Digamos que así como la economía chilena subordinaba su estructura a la economía del centro, en el plano social la burguesía local, con sus intereses y mentalidad, era la prolongación de la burguesía mundial con las modalidades de una realidad periférica.

Desde el ángulo de las costumbres y el estilo, el modelo que orientó a la burguesía chilena es el de la transición europea durante el siglo XIX, en que sobreviven la prudencia, la modestia de la vida y el recato; pero que se desliza rápidamente a la ostentación, el lujo y el *affaire* escandaloso. Estamos pensando en la alta burguesía y no la pequeña que sigue ligada a ideas y cánones antiguos.

Es un mundo que ve en crisis sus valores, que del sabor dulzón del romanticismo pasa a la indignación con el caso provinciano de *madame Bovary,* el desagrado causado por los poetas malditos y el ambiente chocante del naturalismo.

El rechazo era sólo una reacción al estilo de la gazmoñería victoriana, contra un arte que develaba una realidad oculta e indeseable; pero que avanzaba irremisiblemente.

El gran estilo burgués se impone en todos los ámbitos. En los salones, en los bailes, en el despliegue de joyas y vestimentas, en la ópera y el teatro y en los espacios más circunscritos de la bolsa y el club. También en la calle, las avenidas y los parques, trajinados sin cesar por los *landau* con ramilletes de damas y caballeros tiesos en sus trajes impecables, mientras los *fiacre* y los *omnibus* del servicio público quedaban para el ajetreo diario de la pequeña burguesía. En París, bandas de obreros con picotas y palas se abaten sobre las edificaciones viejas y nauseabundas de las viejas calles del centro, en callejuelas estrechas y tortuosas, para abrir los nuevos *boulevares,* espaciosos, rectos y con vista espectacular, diseñados por Haussmann para satisfacer el espíritu de grandeza que mana del progreso y del triunfo burgués.

Entremedio se mueve la nobleza, sin destino propio, procurando mantener rangos, pero uniéndose al fin al espíritu de la época.

La alta burguesía maneja capitales increíbles y tiene sus grandes capitanes: Rothschild, Mallet, Dreyfus, Schneider, Wendel, Krupp, Morgan, Vanderbilt, etc. Ellos construyen sus grandes imperios económicos, adquieren palacios y castillos, poseen "estados" agrícolas y obtienen títulos de nobleza, que llegan a prodigarse en Francia y especialmente en España.

Acercamiento recíproco de nobleza y burguesía, en que esta última llevaba la voz de la riqueza y de un poder arrollador.

Persistencia de viejos valores

En Chile también sobrevive por algún tiempo la moral de viejo cuño, apegada a la modestia y la preocupación por el prójimo. Los ejemplos de desinterés y de intenciones caritativas abundan: donaciones y creación de instituciones de beneficencia y piadosas, ollas para los pobres, trabajos en favor de los desvalidos y los afectados por tragedias colectivas, organización de las "misiones" estivales en las grandes haciendas, donde las señoras, sus hijas y los veraneantes ayudaban en las tareas religiosas y humanitarias, etc. No es sólo la magnificencia de una rica oligarquía, que guarda en su interior algún rincón de bondad y puede destinar caudales para los demás, reconfortando su conciencia. Suele haber, todavía, un real desprendimiento, como aparece en ciertos casos.

Juan José Hontaneda, riquísimo comerciante de Valparaíso, fue un benefactor contumaz, que vivió preocupado de los pobres y legó finalmente su fortuna al Hospital San Juan de Dios. Muerto en 1869, *El Mercurio* publicó una crónica que fue una revelación. El señor Hontaneda vivía como un verdadero misántropo, rodeado de una pobreza rayana en lo desagradable.

Doña Juana Ross de Edwards, viuda de Edwards Ossandón, y que a pesar de la división de la fortuna siguió poseyendo el caudal más considerable del país, es otro caso digno de mención. En ella tuvo aplicación la sentencia de que el dinero no es la felicidad, tan repetida por quienes de todos modos quisieran tenerlo. Su vida familiar fue una sucesión de desgracias por la muerte de sus hijos y la de su marido. Dotada de un fuerte espíritu cristiano, que la riqueza no había alterado, dedicó todos sus esfuerzos para emplear sus bienes en ayuda del prójimo.

Vivió agobiada por la riqueza, que cuanta obra de caridad emprendió, no logró menoscabarla. Enumerar las instituciones de caridad que creó, financió o ayudó, ocuparía una de estas páginas.

Refiere una anécdota que doña Juana, viajando en el tren de Quillota a Viña, en una de tantas diligencias silenciosas, arrinconada en un asiento pobremente vestida de negro, con velo y cara bondadosa, acertó a sentarse a su lado un sacerdote que trabó conversación con ella. Impresionado el varón de Dios con la finura y el trato de la mujercita, al despedirse le alargó una moneda, disculpándose de no poder ayudarla de manera más efectiva.

Ella fue, según un contemporáneo, la pobre más rica de Chile.

El gran modelo francés

El otro aspecto de la existencia burguesa, el del lujo, el derroche y la falta de escrúpulos, que terminó imponiéndose, se desenvolvió junto con la vida republicana y el progreso económico y se debió esencialmente a las sugerencias de Francia e Inglaterra, la primera en el plano de la sociedad y la cultura y la segunda en el espíritu de empresa.

El afrancesamiento chileno sin desconocer la labor silenciosa de don José Joaquín Pérez y de los hermanos Miguel y José María de la Barra, tuvo su adelantado y plenipotenciario en Francisco Javier Rosales, hijo de don Juan Enrique y tío de Vicente Pérez Rosales, que desde 1836 y durante diecisiete años fue representante en la corte parisina. Eran los tiempos de Luis Felipe, el monarca burgués que según la expresión de un estudioso, en su paragua de andante callejero escondía el cetro del absolutismo. Época que añoraba la grandeza pasada, pero que se abría a las nuevas fuerzas sociales y entretejía estilos, dictando la moda y las maneras a todo el mundo. Un tiempo que marcaría su estilo más pronunciadamente aún durante el imperio de Napoleón III.

Rosales fue el "más afrancesado santiaguino" y padeció, no obstante ser originario de una familia muy aristocrática, de una especie de enfermedad por la elegancia de tipo francés. Su desempeño diplomático fue acertado en los puntos trascendentes y dedicó todas sus otras preocupaciones a refinar la vida mundana suya y de la sociedad chilena. También realizó, con un ademán muy burgués, una especulación bursatil con dinero prestado, que tuvo éxito y acrecentó su fortuna. Se lució en las Tullerías y otras cortes, tuvo gran éxito en amores y pudo vivir como el más refinado de los europeos en su casa de la *rue de Tivoli*. Una de sus hijas se casó con el barón de Montagnac y otra con el conde de Berthier.

En sus visitas a la corte presentó a numerosos chilenos y se encontró plenamente a gusto cuando el gobierno chileno le encargó el mobiliario para alhajar La Moneda. Muebles del más fino estilo, espejos, cortinas y alfombras fueron adquiridos a elevados precios, para alcanzar el nivel exigido por una sociedad orgullosa que deseaba sentirse dentro de la gran civilización.

En cambio, Rosales tuvo poco aprecio por la extraordinaria obra científica de Claudio Gay, criticando el apoyo del gobierno y humillando al sabio. "Siempre atento para criticar todo —escribía Gay al presidente Montt—, no puede comprender que el gobierno y las principales familias de Chile tengan que dar algunas pruebas de estimación a una persona de apariencia tan modesta e incapaz de ponerse bien una corbata; por eso con ese aire de superioridad y ese tono de grandeza que lo caracteriza, me mira al igual que un obrero... No sé por qué me preocupo de la opinión que puede tener de mí un hombre tan vivamente atormentado por una fiebre de orgullo y de grandeza, y que no encuentra el verdadero mérito sino en un departamento ricamente amoblado o el corte de un traje".

Todo eso ocurría cuando Gay era admirado y honrado por los institutos científicos y los sabios de Europa.

La representación chilena en Francia pasó luego a la persona del almirante don Manuel Blanco Encalada, que fue la continuación del sentido social y cultural establecido por Rosales. Miembro de familia de prosapia, el viejo marino había estudiado en el Seminario de Nobles de Madrid, siendo condiscípulo del conde de Montijo, el padre de la célebre Eugenia. Este hecho facilitó la amistad con la Emperatriz y con Napoleón III, que tenía predilección por los hombres de armas. El Almirante y su bella esposa, Carmen Cana, fueron invitados habituales de la corte, asistían al palco real en la ópera y en ocasiones se les vio acompañando a los emperadores en su carruaje.

Al regresar a Chile en 1857, Blanco Encalada y su esposa deslumbraron a la sociedad capitalina con las costumbres francesas y los objetos de lujo, algunos de gusto deplorable. Construyeron una mansión suntuosa en Agustinas con Morandé y ofrecieron allí una recepción que hizo época.

Una dama que asitió al evento lo ha recordado en sus expresiones de grandiosidad y de comedia.

La invitación se efectuó con ocho días de anticipación, algo desusado en el país, y mediante tarjetas que al pie tenían el consabido r.s.v.p. Es decir, consabido para Francia, no para Chile, y que intrigó a muchos.

Los comentarios y rumores ocuparon a la gente, deseosa de saber quiénes asistirían y de conocer detalles de los preparativos. Se decía que los servicios serían de oro y los platos de una loza llamada "Severa".

La noche de la comida la casa estaba iluminada magníficamente. A la puerta un lacayo de librea recibía los carruajes y mantenía alejadas a las "tapadas" ansiosas de mirar de cerca a los invitados. En lo alto de los escalones flanqueados por dos leones, un portero de frac, pantalón corto con hebilla, medias blancas de seda y zapatilla de charol, daba la entrada al vestíbulo de columnas romanas con muebles Enrique IV (de Francia, por supuesto), de encina vieja, tallados a mano y con tapiz de terciopelo rojo.

Un mayordomo italiano, Gaetano, que no entendía bien el castellano, aunque sí el francés, anunciaba de viva voz y con pronunciación muy original el nombre de los que llegaban, que de inmediato eran recibidos por los dueños de casa. Estuvieron presentes, entre otros, la esposa del presidente Montt, el general Bulnes y señora, don Luis Pereira, don Matías y don Luis Cousiño.

Los salones relucían con las arañas de cristal y los candelabros, los amoblados finísimos y variados, las alfombras d'Aubusson, los retratos de los antepasados y el resplandor de las chimeneas, donde ardía madera perfumada de guayacán. Entre los jarrones y objetos de arte sobresalía una estatua de Canovas. Pesados cortinajes guarnecían puertas y ventanas, creando un ambiente cálido y acogedor.

La cena fue finísima y también los vinos, todo ello servido por unos garzones tiesos vestidos a la usanza europea.

Un ambiente de discreta admiración y alegría reinó en el ambiente. "La conversación —anota la memorialista— era cultísima, llena de gracia y de *sprit,* dirigida por las interesantes señoras de la casa; risas sonoras, argentinas, y pronto terminadas, se oían en varios puntos; se hablaba de todo, menos de política y de religión, aunque la primera estuviera en el período álgido de odios personales y agitación".

Según la misma autora, el habla y los temas eran muy sencillos, prosaicamente familiares, de modo que su *sprit* se refiere exclusivamente al ingenio y la cultura a la ausencia de grosería. En todo caso, se ve que buen trato y discreción, junto con el lujo material, comenzaban a dar encanto a la vida del alto círculo social.

También aparecían preocupaciones mucho más frívolas que llenaban no sólo la cabeza de las mujeres, sino también la de los varones y aun de un personaje tan respetable como el almirante Blanco Encalada, según comentario de Carmen Arriagada a su amado Rugendas: "¡Pobre Blanco! ¡Si usted supiese qué mezcla hay en él de muy grande y pequeño! Capaz de heroísmo, capaz de apreciar lo bello, noble en sus sentimientos, caballeroso en sus hechos, entusiasta apreciador de la belleza y el talento, se le ve de repente empapado en el recuerdo de sus grandes espejos, de sus lustres, de sus sillas de color de... Sabe cuántas capas tiene Carmencita su esposa, de qué color son. Tiene muchas joyas, camisas de batista y hasta ligas elásticas sin broches. ¡Qué mal efecto me hace oírlo hablar así!... Cuando veo aquella cabeza encanecida bajo las alas de la victoria, ese brazo que ha dado tantas glorias a mi país, ocuparse de estas nimiedades impropias de un hombre comerciante, mucho más del guerrero, siento irritación. ¡Si es ridículo de veras!".

A juzgar por las actuaciones de Francisco Javier Rosales y de Blanco Encalada, el contacto con Francia y Europa, en general, no sólo fue de absorción de la cultura, sino una identificación con ella, que condujo a vínculos de amistad y de familia con altos sectores del viejo mundo.

No estará de más recordar a Florencio Blanco Gana, hijo del Almirante, hombre de gran apostura según los contemporáneos, figura distinguida, caballeroso y honesto, que contrajo enlace con la princesa rusa Olga Basilevna Trubetzkoy —la Trubeskoya para la aristocracia chilena—, cuyo matrimonio fue un destino de sinsabores.

Vivieron en París, en contacto con el gran mundo, en una villa en Mónaco y con viajes por Florencia, Venecia y San Petersburgo. También Santiago de Chile y Chimbarongo, siendo recibidos aquí en forma servicial y llena de curiosidad. La Trubetzkoy, sin embargo, comida por la neurosis y los celos, siendo mayor que su marido y poco agraciada, le arrastró a episodios indignos, incluido un incidente policial, que amargaron la existencia del chileno, hasta fallecer en París atendido por su primo don Alberto Blest Gana.

Florencio Blanco fue un perfecto cortesano parisino, que mantuvo la amistad íntima con Napoleón y Eugenia, vivió como propios los problemas de Francia y fue un decidido bonapartista. Su correspondencia con los familiares chilenos está llena de informaciones sobre la realeza y la nobleza, sus encuentros con duques y marqueses, lo que había conversado con éste o aquél, desde escándalos a enfermedades y cosas inocentes.

En esa forma, tanto él como otros chilenos, alimentaban la común sensibilidad de Paris y Santiago.

Sería larga tarea enumerar a los chilenos de rango que vivieron en París o fueron visitantes por temporadas. Entre los apellidos netamente burgueses figuran Lyon, Cousiño, Edwards, Ross, Eastman, Huici, Subercaseaux, Blest, Beeche, Budge, Mac-Clure y Lynch. Algunos de ellos adquirieron mansiones.

La transmisión de las costumbres fue muy completa pasada la mitad del siglo XIX El gran estilo burgués marcó la conducta de los altos sectores, que por el desenvolvimiento económico desde antes de la Guerra del Pacifico pudo llevar una vida extremadamente lujosa. Estos son hechos sobradamente conocidos; pero la relación de casos específicos ayuda siempre a una mejor comprensión y a la exacta apreciación de la dimensión del fenómeno.

Atengámonos a la clase de vivienda como síntoma de un tipo de vida, sus necesidades y aspiraciones y también como imagen que se desea exhibir.

Mansiones y fantasía

Las viejas casonas, con sus robustos muros, los pesados portones, los zaguanes empedrados y la montaña de tejas encima, ya no parecían adecuadas. Eran expresiones archirrepetidas y monótonas que recordaban un pasado que se creía superado. Las nuevas familias requerían estilos novedosos, universales y también exóticos, que reuniesen el bienestar y lo curioso, dentro de grandes dimensiones para albergar una familia extensa, una servidumbre numerosa y especializada y acoger con magnificencia a plétoras de invitados.

La fachada y el aspecto exterior debían ser espectaculares, ya fuese en el estilo neoclásico, que respaldado por una cultura humanística, llegó a predominar o la fantasía de formas góticas árabes y orientales, como si la vida fuese la concreción de leyendas y cuentos de príncipes y hadas. Reinaba un deseo de ser original, de asombrar a los pobres semejantes y, en el fondo, de evadirse de una realidad chocante que no estaba a la altura del triunfador del siglo. Era también una manifestación más de la voluntad para realizar cualquier cosa que se desease, porque el dinero permitía adquirir hasta la fantasía.

¿No era un estupendo capricho que Francisco Ignacio Ossa después de tantos años curtido por el sol y la minería del desierto, desease tener la Alhambra en la calle Compañía, aunque fuese encajándola entre las destartaladas casas vecinas? En su interior la vista podía divagar por los arabescos infinitos y el oído complacerse con el agua cantarina del patio de los leones, aunque la falta de espacio comprimiese la imaginación.

En un ordenamiento cronológico, uno de los primeros innovadores de la arquitectura fue Henry Meiggs después de su

Interior de la residencia Meiggs.

éxito en la construcción del ferrocarril de Santiago a Valparaíso. Para levantar su mansión escogió un sitio en los extramuros, cerca de la Estación Central, donde podía disfrutar de la tranquilidad campesina y del arrullo mecánico de los trenes.

Inaugurado en 1866, el palacio deslumbró a los contemporáneos. El sector central, coronado por una atrevida torre y una cúpula rebajada, daba paso a las cuatro alas y a los pisos superiores.

La entrada se efectuaba por una puerta de doble hoja labrada en caoba y de más de cuatro metros de altura. Un corto pasillo conducía al vestíbulo circular, cuyo piso estaba compuesto por mármoles de variados colores dispuestos a manera de estrella. Una amplia escalera de caoba, finamente tallada, adosada a los muros se desarrollaba como espiral. Puertas de estilo Renacimiento francés, enmarcadas por pesados frontis, daban acceso a los cuatro grandes salones, el blanco, el azul, el rojo y el de abeto natural. Un segundo vestíbulo comunicaba con el comedor, el escritorio y otras salas. En el piso superior se encontraban las habitaciones, cada una formando departamentos con su baño y otras instalaciones que otorgaban todo el bienestar al estilo norteamericano. Un sistema de tubos, como en los barcos de la época, permitía hablar con las diversas dependencias y un conjunto de timbres llamar a la servidumbre.

Una gran novedad, aquí y en cualquier parte del mundo, era la instalación de calefacción central, que entregaba aire caliente a todos los ambientes de la casa.

Otra maravilla de los comienzos fue el palacio construido por José Tomás Urmeneta cuando las vetas cupríferas de Tamaya le habían dado su crecida fortuna. En este caso la imaginación anduvo por otros rumbos, como ha señalado Eduardo Balmaceda Valdés aludiendo a sus añoranzas infantiles: "Yo recuerdo con nitidez aquel célebre palacio... Aquella enorme construcción en estilo gótico inglés en que las yedras habían trepado hasta la cima, fue siempre para mí una demostración del buen tono de los grandes señores de Santiago. Era aquella residencia, en la ciudad una nota vetusta llena de distinción, y siempre que de niño pasaba frente a este palacio, relatábanme algo de sus viejos esplendores. Impresionábase mi imaginación infantil oyendo hablar de los duendes y de las ánimas que se señoreaban por sus estancias, y miraba medroso y desconfiado la residencia de aquella tía abuela de mi madre que allí vivió largos años rodeada de lacayos ingleses y con un estricto protocolo que armonizaba con el talante del palacio.

"Yo descolgaba de los retratos de familia a aquella dama acrinolada, de duro ceño, la hacía descender por las escalinatas de pedernal verdeguante de musgo y trepar en su aparatosa berlina traída de Inglaterra y arrastrada por soberbios caballos que golpeaban sonoros las piedras del patio de honor. Las esbeltas torrecillas de los ángulos, ennegrecidas por el tiempo y abrazadas por las yedras gigantes daban al palacio un ambiente de Edad Media y hacíanos pensar en su noble señor".

No puede negarse que el rico minero había logrado crear en la segunda cuadra de Monjitas, donde se alzaba su vivienda, un ambiente de la vieja Albión, tan adecuado que podía albergar hasta lacayos ingleses, duendes y fantasmas. El estilo era pesado, con predominio de las grandes masas y menos gracioso que el "gótico victoriano", que produjo el notable edificio del Parlamento Británico y en Chile otra muestra tardía, el palacio Undurraga en la esquina poniente de Estado con Alameda, magnífico en su doble fachada, aunque sin duendes ni fantasmas, que si alguna vez los tuvo, debieron espantarse con el tiempo a causa del ruido de los tranvías y el ajetreo de los negocios del primer piso.

El palacio Urmeneta de pesadas formas góticas.

Palacio Díaz Gana, posteriormente Concha Cazotte.

Entre las cosas más extrañas que merecieron el nombre de palacio estuvo la construcción que en medio de un vasto espacio de jardines levantó junto a la Alameda, entre Brasil y Maturana, el minero de Caracoles José Díaz Gana. Fue una edificación de planta cuadrada, cargada de ornamentación arábiga, con escaleras monumentales, columnas, arcos de herradura, minaretes, cúpulas y otros elementos indescriptibles. También eran extraños el dorado de las cúpulas y los colores brillantes alternándose en los arabescos. Nunca se supo cómo calificar el estilo; se habló de oriental y mudejar y alguien dijo que era turco siamés. Pero es justo decir, en desagravio de Díaz Gana, que mucha de la decoración fue debida a la familia Concha Cazotte, posterior propietaria, que tenía mayor caudal de imaginación.

Muy interesante es señalar, en la mezcla de estilos, linajes y nacionalidades, que los Concha Cazotte descendían del primer plenipotenciario de Francia en Chile, el aristocrático Henry Scevole Cazotte, unido en matrimonio con María del Carmen Alcalde y Velasco, hija de los condes de Quinta Alegre.

Seguir con la enumeración de palacios sería inacabable. Basta pensar en la fisonomía que aún conservan unas ocho cuadras de la Alameda, que por su amplitud se prestaban para realzar edificios de estructura individual y la gran cantidad de mansiones de fachada continua preferentemente neoclásicas de tipo francés, de las calles Monjitas y Mercedes y de Catedral, Compañía, Huérfanos, Agustinas y Moneda, atravesadas por Morandé, Teatinos, San Martín y Amunátegui. Debiendo agregarse también San Ignacio y Dieciocho y más tardíamente Ejército Libertador, Almirante Barroso y Brasil.

En consecuencia, no eran sólo unas cuantas mansiones fastuosas, sino una cantidad numerosa de categoría variable.

Una consideración especial merecería el mobiliario, constituido por los más variados estilos, desde el romano al del Segundo Imperio, y las obras de arte, por lo general del realismo romántico, adquiridas en Europa siguiendo el gusto en boga.

Antes de la Guerra del Pacífico, la burguesía había logrado imprimir a Santiago un aspecto renovado, que dejaba muy atrás a la extensa aldea colonial. La arquitectura privada armonizaba perfectamente con los trabajos urbanísticos realizados por Vicuña Mackenna, el "Haussmann chileno", quien, amante del progreso y de la cultura europea, quería ver a la capital como una ciudad moderna y pujante.

Tal era el sentido que con agudeza captó el embajador británico Horace Rumbold en su informe sobre Chile *(Le Chili, Paris, 1877)*. "Una primera visita a la ciudad de Santiago —anota el amable diplomático— no deja de ser un motivo de agradable sorpresa para un europeo inteligente, pero después de una permanencia prolongada, el desenvolvimiento ambicioso y el lujo de la ciudad le parecerán fuera de proporción con el poder y

El palacio Edwards en Catedral con Morandé. Residencia de don Agustín Edwards Ross.

los recursos del país del que es capital. En verdad, uno no espera encontrar a 30 leguas en el interior, al pie de los Andes, una ciudad de alrededor de 160.000 almas con edificios públicos tan magníficos, mansiones particulares tan imponentes y paseos tan excepcionalmente bellos. Quizás lo que más impresiona a un extranjero, después de la situación realmente admirable de la ciudad, es la atmósfera de holgura aristocrática y de reserva que reina allí. Largas calles tranquilas, flanqueadas de viviendas particulares, la mayor parte construida sobre el modelo de las mansiones parisinas y algunas en un estilo mucho más pretensioso, su apariencia somnolente, de tiempo en tiempo reanimadas por el rodar de un elegante *brougham* o de un *barouche* con buenos caballos, carruajes que figurarían con ventaja en el bosque de Boulogne (siendo franceses todos los modelos de la elegancia chilena); las mujeres bien puestas y de apariencia distinguida, que pasan conversando por las veredas; las numerosas iglesias y los muros blancos, bajos y alargados de los conventos; la completa ausencia de barullo, la concentración de todo el comercio y de las tiendas en algunas calles principales del centro: todo lleva a preguntarse si ese no es el lugar de una corte de ensueño y tranquilidad, ortodoxa y amante del lujo, más que la capital de un Estado democrático, activo y laborioso".

¿Podía desear mejores elogios una burguesía feliz? Se reconocía un ambiente europeo a su ciudad dilecta y no había para qué reparar en las palabras de Rumbold sobre la miseria junto a los lugares más suntuosos.

Fiestas inolvidables

El encanto de la vida burguesa tuvo muchas manifestaciones, como el uso de vestimentas carísimas, joyas, perfumes y carruajes. Pero fueron las fiestas en los grandes palacios las que exhibieron de la manera más impresionante el boato, la vanidad y la trivialidad de la existencia.

Una de las primeras fiestas del nuevo estilo fue la que ofreció Meiggs el año 1866 en la inauguración de su "quinta" que impresionó por su fastuosa orginalidad a los quinientos invitados, es decir, a "todo Santiago" y probablemente algo más.

Según Vicuña Mackenna, quien asistió como invitado, la mansión resplandecía y dejó extasiados a los concurrentes. El ambiente era de ensueño por la magnificencia de la arquitectura, del mobiliario y las obras de arte. Parecía una historia de hadas o uno de esos cuentos imaginativos de Poe o de Hoffmann. Todo era música, baile, belleza femenina y elegancia. Los cuatro salones vibraban de alegría mientras las parejas se movían ceremoniosas y disciplinadas siguiendo los pasos de la cuadrilla. Pero en la época ya se había introducido el vals, más audaz en la relación de la pareja que se enfrentaba enlazada ligeramente y girando en forma cadenciosa. También había hecho su aparición la polca, más desenvuelta, rápida y algo burda en sus pasos, que aquí, igual que en Europa, las mamás prohibían a sus hijas por indecente y simbolizar la protesta contra el orden social. Por esa razón se la bailaba a escondidas, gozando los jóvenes con esa audacia de salón. Menos recomendable aun era el cancán, que por diablura los jóvenes ensayaban en algún momento furtivo de una recepción, estando vestidas las muchachas con sus faldas corrientes, largas e inmanejables.

A las ocho de la noche, la orquesta formada por maestros del Teatro Municipal dio comienzo a la velada. "Media hora después del primer golpe de música —anota el cronista— todo bailaba en el recinto encantado donde llegaban los acordes. Bailaban las beldades que estaban en baile y las que no lo estaban; bailaban los que aman y los que no son amados; bailaban los rivales *vis-à-vis* y los amigos espalda con espalda; bailaban las hijas alejándose de las madres y las señoras bailaban siguiendo a las hijas; bailaban las luces, las flores, las airosas cortinas, los tersos cristales de las ventanas A las diez de la noche la Quinta Meiggs era toda entera, desde sus cimientos a su más alta cornisa, una sola ondulación, un solo vaivén, una sola cadencia, una sola danza loca y a la vez encantadora en su forma, en su cultura y en sus gracias".

En un descanso se produce un estruendo musical. Es la banda del regimiento Buin que desde el balcón interior de la rotonda irrumpe con la Canción Nacional. Ha sido enviada por las autoridades para dar sones marciales a la recepción de una burguesía tan ligada al destino de la patria.

Pronto se reinició el baile y el despliegue alegre de beldades, porque según Vicuña Mackenna, no hubo ninguna fea, pues en los casos discutibles sólo podía hablarse de las que habían sido bonitas o tuvieron intención de serlo.

Para describir a las bellezas, el historiador acude a toda la imaginación clásica de pétalos, perlas, esmeraldas y colores y al jardín de rosas, heliotropos, jazmines, violetas, clarines de la selva y lirios de la vega. Dos niñas frescas, ligeras y de ojos brillantes son dos botones de rosas que se abren en un mismo tallo, más allá una violeta está triste por el junco ausente. Tampoco falta una gacela seguida por cien ágiles lebreles.

En el conjunto debió haber muchas bellezas de la antigua aristocracia; pero no cabe duda que también se destacaron, con su atractivo físico y su riqueza, las jóvenes de nueva extracción. Un semblante pálido y de suaves cabellos es la imagen viva de Irlanda apareciendo entre su vaporosa niebla; un rostro de querube esculpido en el busto de una Venus es de ancestro inglés y una hermosa que se sumerge en el torbellino del baile es hija del norte, escapada seguramente de la aspereza minera.

Cerca de la medianoche el baile se interrumpe y una voz anuncia ¡a la mesa! Hay una nueva sorpresa, el comedor ha sido habilitado en una amplia construcción que luego serán las caballerizas y es necesario dirigirse hasta allá. La banda del Buin encabeza la procesión tocando marchas alegres y detrás van los invitados en una semipenumbra, avanzando por los senderos del amplio jardín, junto a fuentes, lagunas y árboles. El comedor está arreglado perfectamente y las mesas, envueltas en una luz difusa y sugerente, despliegan los más exquisitos manjares, postres, helados, vinos y champagne. Así transcurre la merienda, hasta que el cansancio, después de cinco horas de iniciada la reunión, comienza a alejar a los invitados.

Las despedidas y el rodar de los coches son el punto final del acontecimiento.

En años posteriores las grandes fiestas se sucedían cada cierto tiempo y siempre se buscaban rasgos originales. Las de disfraces fueron las más famosas. En ellas se presentaban figuras convincentes, con atuendo apropiado, en un desfile pintoresco de personajes de la Antigüedad, damas y caballeros arrancados de la historia, reyes, emperadores, mandarines y geishas, árabes, sultanes y también tipos populares de Europa: aldeanas, gitanas, etc.

Recepciones hubo en que se reprodujo enteramente el amoblado, la ornamentación y las comidas de algún país lejano, concurriendo todos los invitados con las vestimentas apropiadas.

La ostentación de joyas dejaba admirada a la gente. En el baile de inauguración del palacio de la Alhambra, ya en poder de don Claudio Vicuña, una dama disfrazada de novia medieval, exhibió abundancia de perlas y un hilo de brillantes que pendía desde un alto gorro cónico. La dueña de casa vestida de noche con un vestido negro, lucía en éste una luna y muchas estrellas de brillantes.

Memorable fue, entre otras, la recepción dada en 1885 por Víctor Echaurren Valero y su esposa Mercedes Herboso, en su palacio de la calle Dieciocho, que ha sido rememorado por Balmaceda Valdés: "Yo he leído crónicas al respecto en que ponderan hasta lo increíble el lujo que se derrochó en tal fiesta y recuérdanse entre las damas que más llamaron la atención, a la hermosa dueña de casa encarnando la bandera chilena, con una chaqueta de terciopelo azul adornada con una magnífica estrella de legítimos diamantes, falda de terciopelo rojo y albos encajes de Inglaterra; esta caracterización nos muestra hasta dónde llegaba el orgullo patrio de las pasadas generaciones. Luego, doña Julia Lynch de Ossa de María de Medicis; doña Manuela Real de Azúa de De la Cerda de Isabel la Católica, endiamantada como una dogaresa; doña María Correa de Herboso en caracterización admirable de Carmen; las bellas hermanas Roberts Valdés de marquesas del siglo XVIII; doña Rosario Montt de Sáenz de Indiana; y entre tantas bellas jóvenes he oído recordar a Manuela Herboso España de Aurora, Blanca Vicuña de paloma mensajera, Isabel Bello y Leonor Sánchez de magas, Teresa Cazotte de oriental, Lucía Larraín Zañartu de reina de Lahore, Rosa y Elena Sánchez Masenlli de botón de rosa y de húngara, y, en fin, a tantas otras con hermosos disfraces que sería eterno anotar".

Esta reminiscencia, igual que la de del baile en la quinta Meiggs, muestra que la patriótica alegoría de la dueña de casa identificaba el brillo de la oligarquía con la esencia de la vida nacional. Ellos eran el país y su riqueza la prueba del progreso.

Ostentación y exotismo iban de la mano en las expresiones de la burguesía y la aristocracia en una actitud anímica que es fácil de comprender. Enriquecidos los altos sectores, quedaba atrás la monotonía pacata de la Colonia y de los primeros años

Interior del palacio de la Alhambra.

de la República, junto con la sobriedad, la prudencia y el buen tacto. También había quedado rezagado el esfuerzo laborioso de los pioneros y de la formación de las fortunas, de modo que los propios fundadores de ellas y más exactamente sus descendientes, nacidos en la holgura, disponían de una situación para vivir a sus anchas, sin preocuparse del trabajo creador ni sus riesgos. Había que llenar el vacío de sus vidas con la alegría despreocupada, el boato, la moda y el jolgorio, en una competencia en que cada uno procuraba sobresalir y ser admirado o envidiado por los demás. No bastaba un alto nivel de gastos suntuosos, la mansión de corte neoclásico y el *coupé* de dos caballos, sino que todo debía ser singular y extraño. De ahí los palacios de imaginación forzada, los carruajes comprados en el extranjero y tirados por troncos *hackney* de silueta estilizada y pelo reluciente o los disfraces de ricas telas engalanadas con rubíes y perlas auténticas.

En esta competencia interna se lograba el objetivo deseado. Los caballeros y damas del más alto tono, elegancia y riqueza, eran elogiados y pasaban a ser arquetipos. Los viajes a Europa y el contacto con personajes famosos daban prestigio y las grandes fiestas hacían época. De ellas se hablaba largo tiempo, su recuerdo perduraba aún en los detalles y finalmente se incorporaba a la leyenda familiar.

Las fiestas memorables no se efectuaban muy a menudo; pero había otras, menos rimbombantes, que alegraban sin tregua la vida aristocrática y burguesa. Luis Orrego Luco las ha recordado en sus *Memorias del tiempo viejo:* "más agradables que los bailes fastuosos eran las pequeñas reuniones semanales de casi todas las casas de aquellos tiempos, en viernes, martes o sábados. Eran fiestas íntimas de proporciones que entonces se consideraban reducidas, a las cuales solían asistir treinta o cuarenta personas, generalmente muchachos jóvenes y lindas solteras. Estas fiestas se daban con fines matrimoniales, sin duda para evitar la competencia".

Distinción y alegría espontánea, ilusiones amorosas y un poco de cálculo financiero, animaban a los jóvenes despreocupados que caían de fiesta en fiesta. Entre ellos, Orrego Luco recuerda a Emiliano Figueroa Larraín, futuro vicepresidente, presidente de la república y presidente del Banco Central, muy alto, apuesto y encantador con las jóvenes. Vividor alegre, siempre sin chapa en el bolsillo y, además, con un hermano de alta concentración alcohólica, era resistido tenazmente por los padres de una muchacha que opinaban que no tenía porvenir, oficio ni beneficio y ser bueno para nada. Las argucias juveniles pudieron, no obstante, más que las defensas paternas. Misivas escondidas fueron y vinieron y una ventana de la calle San Martín sirvió de marco al pololeo, mientras el amigo Orrego Luco hacía de escolta y vigilaba la cuadra.

Al fin, los padres tuvieron que conformarse con ser suegros de un jovencito tan encantador como poco recomendable.

El embrujo burgués

El efecto era deslumbrador fuera de la intimidad. Las mansiones eran miradas con respeto y curiosidad. A un hijo de Subercaseaux Mercado sus compañeros de colegio le preguntaron si era cierto que en el techo de su casa se alternaban las tejas de oro con las de plata; se corría el rumor de que el castillo gótico de Urmeneta tenía escalerillas secretas para las salidas nocturnas del propietario y que el palacio del industrioso Meiggs poseía un ingenio mecánico para orientarlo y recibir el sol a gusto.

A veces sucedía algo extraordinario que nadie deseaba perdérselo. Cuando se anunció, por ejemplo, que había llegado a Valparaíso el barco que traía todo el mobiliario encargado por el minero Bernardo del Solar para su residencia de la calle Compañía, la gente se preparó para ver las maravillas.

Unas carretas de la hacienda Chacabuco llegaron después de varios días con el ponderado menaje, pero los cajones eran de tales dimensiones que no pudieron ser introducidos a la casa y hubo que desembalar en plena calle, para satisfacción de los curiosos y quizás de los propios dueños. El tráfico debió ser suspendido y la aglomeración fue tan grande que hubo que llamar a la policía. Pero todo el desbarajuste valía la pena, porque la gente quedó admirada con los regios muebles, las lámparas que apenas podían levantar ocho huasos forzudos y las alfombras que parecían hechas para la catedral.

También hay que recordar que en los agasajos de renombre se hacían presentes las "tapadas", que desde afuera observaban a los invitados con el único ojo dejado libre por el manto, para saber quiénes llegaban, qué lucían y qué hacían.

Era la magia de la burguesía, que actuando en el subconsciente de la gente aseguraba la admiración e indirectamente la dominación.

Características de la burguesía chilena

El dinero impuso también un nuevo tono en el trato social, debido al respeto que inspira y el poder que emana de él. Mientras los negociantes y pioneros que fundaron las grandes fortunas mantuvieron un estilo discreto en sus modales, sus descendientes se criaron con nuevas ínfulas, palparon las consideraciones del resto y asumieron una dignidad estirada, que no era despreciativa y se expresaba en maneras distinguidas. El lenguaje se hizo menos directo, las expresiones fueron más estudiadas y las formalidades presidieron todos los actos, desde el encuentro en las recepciones al saludo de paso en la calle. Hasta las disputas políticas y los incidentes sociales eran llevados con gestos ponderados, manifestando equilibrio y educación.

Es el fenómeno de cambio descrito por Luis Barros y Ximena Vergara (*El modo de ser aristocrático*, Santiago, 1978) y por Julio Heise en la expresión política de la burguesía (*Historia de Chile. Época del parlamentarismo*, Santiago, 1974).

Los hechos que hemos expuesto demuestran que la burguesía había sido capaz de crear una base material importante que giraba en torno a las exportaciones del sector primario, el comercio y la banca, que dieron prosperidad al país y fueron el fundamento para un desenvolvimiento posterior. La distribución de esa riqueza se efectuó de acuerdo con los intereses y aspiraciones de los altos estratos sociales, concentrando los capitales y toda clase de bienes en sus manos. En un proceso paralelo, la ideología liberal y la mentalidad capitalista, dieron lugar a que se formase el *ethos* propio de una burguesía. Ello no significa que numerosos burgueses no militasen, en política, en las filas conservadoras.

No cabe duda de que los valores burgueses no se gestaron en el país y que si pudiésemos imaginar una autarquía económica y mental en Chile, jamás se habrían formado o habrían sido distintos. Fueron valores de la burguesía europea, trasmitidos a los cuatro vientos y cogidos aquí por la gente de nueva extracción. A la vez es indudable que se habían estructurado las condiciones económicas y sociales favorables para su adopción, de modo que al fin de cuentas hubo un ensamble de realidades materiales e ideológicas.

Queremos deducir que el fenómeno fue algo más que una simple imitación, como se ha repetido tantas veces con ligereza. Por último, se trata de una misma pulsación, que emitida en los grandes centros de la burguesía, llega hasta los últimos hilos de la red.

Para entender el caso chileno no basta examinar su escenario con lupa, sino que también hay que alejar el lente para apreciar el panorama mundial. Así se captan las grandes tendencias y el detalle local.

Entre las características específicas del trayecto burgués en Chile se encuentra la relación con la aristocracia de viejo cuño. A diferencia de lo que ocurrió en Europa, donde hubo una pugna entre los intereses y el modo de ser de la burguesía y las categorías de la nobleza, en Chile se produjo un acercamiento desde los comienzos, en lo que debió influir grandemente el antecedente colonial: por una parte el rasgo mercantil de la aristocracia y, por otra, la relativa modestia de ella y la carencia de privilegios significativos. También debe considerarse, tanto en la Colonia como en la República, la estrechez de los altos círculos sociales, incluidos los personajes en ascenso, resultando ser todos conocidos. Muy distinta, en cambio, era la situación de Inglaterra, Francia o Alemania, donde las diferencias de las respectivas sociedades cubrían de anonimato el enfrentamiento, aunque en ocasiones se concretase en determinadas figuras.

Dignidad burguesa en la Plaza de Armas de Santiago en 1873.

Es indudable, además, que siendo los extranjeros un elemento decisivo dentro de la burguesía chilena, el prestigio de ellos facilitó el acercamiento. Bien sabemos que las familias rancias abrían con gusto sus puertas a ingleses, franceses, alemanes, norteamericanos y otros y que el riesgo de un matrimonio estaba dentro del juego. Quienes habían hecho fortuna en la minería del norte gozaban de la misma acogida, fuesen extranjeros o chilenos.

Un segundo aspecto que merece ser destacado es el aburguesamiento paulatino de la aristocracia que comenzó a participar en negocios diferentes a la agricultura; aunque no en empresas individuales, sino como accionistas y directores de toda clase de sociedades. Éstas pasaron a constituir, en las últimas décadas del siglo, la nueva forma de organización del capital, a medida que desaparecían el pionero y los imperios personales o que se hacían insuficientes para las inversiones cuantiosas. Un registro de las listas de accionistas y de los directorios de las sociedades anónimas daría resultados sorprendentes.

Parte de matrimonio aristocrático de la primera mitad del siglo XIX. El encanto romántico y el descuido de la letra dejan ver la espontaneidad en el estilo social.

Parte de matrimonio oligárquico. El formalismo y el gran estilo se han impuesto.

Las sugestiones del estilo burgués también atrajeron a la aristocracia que poco a poco fue abandonando sus costumbres y sentimientos, para vivir en un ambiente refinado y lujoso. Los modos patriarcales cedieron ante una distinción mundana, aunque las familias terratenientes mantuvieron un tono agrario de sentido romántico y complacido con el color del folclore, que encontraba un sabor típico vistiendo como el huaso y repitiendo sus expresiones. Pero no era más que una postura sentimental que buscaba en lo vernáculo una supuesta legitimidad cultural.

También se mantuvo aún el espíritu religioso y humanitario, especialmente en las señoras con sus iniciativas piadosas y benéficas.

En definitiva y en esencia, la aristocracia se sumó a la nueva filosofía que valoraba el éxito del individuo y sus logros económicos, expresados en la vida social mediante el gasto dispendioso. Cosmopolitismo urbano sobre las virtudes rústicas.

Aburguesamiento de la aristocracia y aristocratización de la burguesía son las tendencias paralelas, que se mezclan íntimamente y terminan estructurando la oligarquía, que no es otra que la burguesía triunfante, porque ésta desempeñó el papel activo. Manejó la dinámica económica, creó la gran riqueza privada, impuso su ideología y sus valores e importó ademanes distinguidos.

No sería posible señalar algún período específico en la fusión de aristocracia y burguesía, porque estuvo realizándose en forma permanente. Pero nos atrevemos a afirmar que hacia los años de la Guerra del Pacífico era ya un fenómeno muy avanzado si no acabado.

Maximiano Errázuriz y su trayecto de buen burgués

Deseamos valernos de la presentación de un caso para una comprensión más adecuada y exacta del fenómeno burgués con sus resabios aristocráticos. Para ello hemos escogido a don Maximiano Errázuriz Valdivieso y sus lazos de parentesco.

Era miembro, nuestro personaje, de la familia establecida en Chile en 1733 por el navarro Francisco Javier de Errázuriz y Larraín, vástago de una estirpe vieja, modesta y sin relieve, que se dedicó de lleno al comercio ayudado de parientes y amigos vascos. Traficó entre Chile y el Perú, de preferencia en productos de la tierra, y se hizo de una regular fortuna. Dos de sus hijos fueron aficionados al estudio, doctores en cánones y leyes y sacerdotes. Otro fue abogado y se enriqueció en el comercio.

El mayor, Francisco Javier de Errázuriz y Madariaga, también obtuvo el grado de doctor en cánones y leyes y llegó a ser "literato profundo" según don Ambrosio O'Higgins, es decir, un verdadero conocedor del derecho. Fue catedrático de la Universidad de San Felipe y rector durante cuatro años, además de haber sido alcalde del Cabildo de Santiago y juez de comercio. Esas tareas no le impidieron dedicarse también a las operaciones mercantiles.

Hijo de este último fue don Francisco Javier Errázuriz y Aldunate, el padre de don Maximiano. Nacido en 1773, tuvo estudios de latín y retórica y a los veintiún años fue enviado a España por su padre con el objeto de incorporarlo a la compañía del Guardia de Corps creada para caballeros americanos. El propósito era, probablemente, buscarle una carrera militar de honores.

Los Errázuriz tenían, sin embargo, una vocación indomable por el negocio y don Francisco Javier terminó dedicado a ajetreos comerciales en Cádiz.

De vuelta en Chile en 1806, siguió en esa actividad que, al parecer, le dio un pasar relativamente holgado durante un tiempo. Era hombre diligente y honrado y demostró entereza y un carácter prudente en el período de la Independencia, adhiriendo al bando patriota, aunque en forma mesurada.

Como alcalde del Cabildo de Santiago le correspondió enjuiciar en 1811 a un grupo de comerciantes españoles que presuntamente habían apoyado al Motín de Figueroa; pero pronunció una sentencia absolutoria sin tomar en consideración la presión del ambiente. Fue miembro del Primer Congreso Nacional y suplente del Senado designado por O'Higgins en 1818. Cinco años más tarde fue director de la Caja de Descuentos, labor que desempeñó por seis años.

Ese último nombramiento se debió seguramente a su situación económica, que había decaído notoriamente a causa de los trastornos de la Emancipación. Falleció en 1849 dejando a su familia en situación muy menoscabada.

Errázuriz y Aldunate fue tronco de varias ramas familiares, pues se casó tres veces. Fruto de su segundo matrimonio con Josefa de Zañartu, fue don Federico Errázuriz Zañartu y su nieto Federico Errázuriz Echaurren y por la misma rama se llega a otro presidente, Germán Riesco Errázuriz.

Del tercer enlace, contraído en 1829 con Rosario Valdivieso y Zañartu, nacieron don Maximiano y don Crescente Errázuriz Valdivieso, el célebre arzobispo de Santiago. No será inútil agregar que su tercera esposa era hermana del arzobispo Rafael Valentín Valdivieso, quien con su poderosa personalidad influyó en toda la familia.

Para terminar con las vinculaciones de don Francisco Javier digamos que dos hermanos suyos, don Fernando y don Ramón, alcanzaron destacada actuación política. El primero, bachiller en teología y asiduo comerciante, fue diputado y senador y no es otro que el vicepresidente de la república que en 1831 gobernó entre el período de José Tomás Ovalle y el de Joaquín Prieto.

Don Ramón, que siendo niño se inició en las armas del comercio junto a don Francisco Javier en Cádiz, participó en la política como congresal, ministro del gobierno de Prieto y, finalmente, como vicepresidente del Senado. Concentró sus actividades en la hacienda de Popeta.

Dentro de esas relaciones familiares se desenvolvió la vida de don Maximiano. Nació en 1832 cuando la situación de su padre estaba deteriorada. Estudió una carrera de sesgo netamente burgués, matemáticas, titulándose de bachiller y comenzando a trabajar de inmediato como agrimensor general de la república. El porvenir no debió ser muy brillante en ese cargo, que pasó a desempeñar en Valparaíso, y pronto derivó hacia el comercio, con poco dinero y pocas relaciones.

En el puerto conoció de paso a una joven delicada, vivaz y atractiva, Amalia Urmeneta, hija de don José Tomás Urmeneta, cuya fortuna iba en ascenso espectacular. Cayó enamorado de ella, hubo otros encuentros pasajeros, en que el lenguaje de las miradas, apenas insinuado en el ambiente circunspecto, mantuvo la ilusión, hasta que ella, en una fiesta fastuosa, rodeada de admiradores, declaró en forma inusitada que brindaría por el que sería su novio. La copa y los ojos negros de Amalia se alzaron en dirección al joven agrimensor.

No era fácil acercarse al rico y altivo caballero que era el papá de Amalia para pedir la mano de ella. Podía parecer una audacia y un oportunismo interesado. Grande fue la sorpresa del candidato a yerno cuando encontró en don José Tomás una actitud bondadosa y gentil y la más franca aceptación.

Es indudable que en el ambiente tan reducido de la alta sociedad, Urmeneta ya tenía conocimiento de las excepcionales condiciones morales de Errázuriz, de su clara inteligencia y su tenacidad dentro de un espíritu equilibrado y honesto. Ojo de buen minero, había descubierto una excelente veta humana.

Amalia debía apreciar, más bien, la figura alta y distinguida, la bondad, los modales caballerosos y el rostro de ojos azules y pelo claro.

Poco después del matrimonio, Urmeneta decidió unir al yerno a sus negocios, formándose entonces la Sociedad Urmeneta y Errázuriz que fue la mayor y más racional organización destinada a los trabajos mineros y de fundición del cobre. Era la gran riqueza para el hijo del modesto comerciante Errázuriz Aldunate.

Errázuriz inició sus nuevas actividades en la administración de la mina de Tamaya, en las cercanías de Ovalle, y en forma más continuada en las fundiciones de Tongoy y Guayacán, que tenían mayor grado de complejidad técnica. En ambos lugares, además, se efectuaba en muelles propios el embarque del metal rojo.

Para tener una idea de qué tipo de empresa estamos hablando, digamos que la fundición de Guayacán tenía en la década de 1870 un total de 35 hornos, 2 de los cuales producían cobre refinado. Se comunicaban por grandes tubos con tres chimeneas, la mayor de las cuales era de 44 metros de alto. Había, además, una fundición y maestranza de fierro y bronce para fabricar piezas para las maquinarias, que también recibía trabajos de afuera.

Tres máquinas a vapor movían los molinos, las correas transportadoras y los mecanismos de la maestranza. Un muelle recibía los minerales que llegaban en barco y servía para el embarque del cobre ya fundido.

Había una casa para los propietarios, otra para el administrador y una tercera para los empleados. Una corrida de media agua contenía 30 habitaciones para obreros casados y otro edificio albergaba a obreros ingleses, que eran numerosos. Junto a la fundición se había formado el pueblo de Guayacán, con

253 casas y unos 1.000 habitantes, contando con tres escuelas subvencionadas por la compañía.

En total, trabajaban en la fundición unas 400 personas, de las cuales 8 eran empleados, 6 mayordomos y 98 maestros y obreros especializados. El resto, casi 300, eran obreros corrientes.

Si bien se piensa, ahí estaban en esquema los sectores de la sociedad moderna: los propietarios, la clase media incipiente y un proletariado en formación.

Urmeneta y Errázuriz, en sociedad con Mackay, poseyó una mina de carbón en Lebu para entregar combustible a las fundiciones; pero su rendimiento nunca fue bueno. Errázuriz la adquirió de la sociedad, a instancias de su suegro, que pensaba que con mejor administración y alguna renovación técnica daría mejor resultado. Fue un mal negocio, sin embargo, por la mala clase de los lignitos y no adelantó en nada la fortuna de su dueño.

Otro negocio digno de destacar fue la creación de la Compañía de Gas de Santiago en 1866, con la concurrencia de capitales del suegro y del yerno y transformada luego en sociedad anónima. También adquirieron la hacienda de Panquehue próxima a San Felipe. Para ese efecto, ambos socios se afiliaron con el ingeniero norteamericano Julio Foster; el propósito era explotar un yacimiento de turbas oscuras, estimándose que reducidas a briquetas serían utilizables en la fundición de Guayacán. El experimento fracasó y Maximiano Errázuriz adquirió las partes de sus socios, con el afán de correr suerte en la agricultura, que después de largo tiempo en las labores mineras de Coquimbo debió ser como la búsqueda de un paraíso con árboles, agua y buenas tierras.

La sociedad de Urmeneta y Errázuriz se disolvió después del fallecimiento del primero y se constituyó en su lugar Errázuriz e hijos, que más adelante fue la base de la Sociedad Chilena de Fundiciones.

La familia Errázuriz en su departamento en París. De izquierda a derecha, Rafael, Carmen Valdés, segunda esposa de don Maximiano, Amalia, don Maximiano, Guillermo y José Tomás. Al fondo, el retrato de doña Rosario Valdivieso, madre de don Maximiano. Amalia se refiere a este cuadro en los siguientes términos: "Al salón del departamento de mi padre vino un día un artista, llamado Maurice Blum, que tomó un croquis de cada uno de nosotros y luego discurrió una composición de figuritas tiesas y demasiado coloreadas que agrupó con poca naturalidad sobre la tela".

Los trabajos mineros en el norte y en el sur requerían de viajes constantes y de un esfuerzo intenso, y la residencia eventual en Valparaíso y en Santiago también fue de ajetreos y preocupaciones. Comentando esa situación. Amalia escribía, con alguna inquietud y sabiduría, a una de sus cuñadas monjas desde el puerto: "Maximiano está muy ocupado, quisiera verlo descansar, no tiene tiempo para nada; ni los días de fiesta puedo pillarlo para hacer una visita. Esta mañana salió a las siete para volver a almorzar pero no ha venido, yo me llego a enojar con él. Le digo que no es preciso ocuparse demasiado de las cosas de esta vida porque al fin ¿de qué sirven a uno?".

La felicidad al lado de Amalia, que le dio cinco hijos, uno de los cuales, una niñita, falleció al poco tiempo de nacida, no fue muy larga, pues ella murió en 1861 luego de haber dado a luz al menor de los hijos y cuando sólo contaba con veinticuatro años de edad.

Después de esa desgracia otras andanzas llenaron la vida del minero, industrial y agricultor; aunque no pudo consolarse de la pérdida de su esposa. Efectuó algunos largos viajes a Europa, instalándose en París y visitando diversos países, preocupado de buscar la huella de la historia y del arte, que le atraían especialmente. Solía recorrer los lugares históricos, ruinas y palacios, los museos, y las exposiciones de pintura, y se hizo de una valiosa colección de cuadros, muy estimada por los contemporáneos.

El año 1866 fue comisionado por el gobierno, a raíz de la Guerra con España, para obtener mediante una gestión confidencial, la adquisición de un poderoso blindado en los Estados Unidos, con el que se pensaba abrir una campaña devastadora contra los intereses hispánicos en el Caribe. Realizó esa tarea con tino y discreción, concertó la compra de una nave espléndida, casi imbatible y obtuvo créditos para la adquisición; pero al fin el arreglo fracasó por la injerencia del Perú, que no obstante estar aliado con Chile en el conflicto, no deseaba perder su preponderancia naval.

Antes que la guerra se diluyese, desempeñó el cargo de Enviado Extraordinario y Ministro Plenipotenciario en Gran Bretaña, donde obtuvo préstamos para el pago de artillería que había adquirido en los Estados Unidos y como hubiese algunos tropiezos financieros, avaló con su fortuna personal la negociación.

También tuvo actuación política en el país como diputado y senador, no obstante que su espíritu retraído y la modestia de su carácter parecían alejarlo de la política. Era hombre de carácter conservador y estuvo ligado a esa tendencia política.

Las cuestiones públicas le pusieron en una ocasión en un duro dilema. El año 1871 eran candidatos a la presidencia de la república su hermanastro Federico Errázuriz Zañartu y don José Tomás Urmeneta —símbolo del nuevo tiempo burgués— y debería inclinarse por uno u otro. Mantenerse indiferente habría favorecido a su hermanastro, quien contaba con el apoyo de los círculos oficiales. La solución, entonces, no pudo ser más atinada y provechosa: un nuevo viaje a París, esta vez con sus hijos y su segunda esposa, Carmen Valdés Ureta.

Durante la estancia en Europa, se preocupó de la educación de los hijos, especialmente de Amalia, que debió ser la preferida por su carácter, que reproducía el suyo, y la inclinación por el arte. En Londres contrató una *governess, miss* Young, dedicada especialmente a la formación de Amalia y que debía acompañarles a Chile. La elección no pudo ser más afortunada, pues había sido institutriz de las princesas polacas Sapieha relacionadas con los nobles Radziwil, poseía cultura y numerosas cualidades que captaron el afecto de la niña.

Antes de regresar, un viaje a Roma fue una satisfacción espiritual para don Maximiano y su hija, a la sazón de once años, que ella describió posteriormente con gran entusiasmo: "¡Cuánto aprendí, cuánto gocé! Entonces fue cuando recibí la primera revelación de las bellezas del arte y los primeros conocimientos sugestivos de la historia del mundo. Mi padre se dedicó a darme idea de esa belleza que Dios ha puesto en la naturaleza y que el hombre, con su inteligencia y su poder, dados también por Dios, suele imitar y representar en esas obras grandiosas y conmovedoras que provocan en nosotros una alta emoción. *Miss* Young me daba, por su lado, las lecciones de historia apropiadas siempre a los sitios que visitábamos o a los momentos y pinturas que teníamos por delante.

"Las galerías de pintura eran una verdadera instrucción; mi padre me hacía seguir el rumbo de esos famosos museos que, empezando a interesarme en el arte de Italia, vienen aumentando su maravillosa riqueza artística... Me enseñó también, a diferenciar artistas, épocas y escuelas, y me mostró de una manera inteligente las catedrales y palacios, explicándome la diversidad de sus estilos. No era yo, sin embargo, la que alcanzaba a apreciar esas bellezas; era mi padre, que todo lo sabía y todo lo abarcaba en su alma grande y esclarecida, el que me las hacía percibir sugestionándome con su comprensión admirable de todas las cosas".

Otros asuntos más triviales ocupaban también a la familia. Antes de regresar a Chile, el ajuar de la nueva esposa, que no era aficionada a los trapos, fue objeto de un plan especial, que ella aceptó por dar gusto al marido y ponerse en el nivel de su situación social. Se sometió con ese propósito a los dictados de una experta, Carmela Bascuñán, esposa de don Alberto Blest Gana que, según los recuerdos de Amalia, escribió un documento titulado "Trousseau de Madame Errázuriz: era una lista interminable de objetos de indumentaria femenina, sin que detalle alguno hubiese sido olvidado... Carmen se sometió a todo y se puso en campaña. ¡Pobre de mí! Debí entonces empezar lo que, en mi egoísmo, me pareció un Vía Crucis; andar acompañando a mi madrastra de tienda en tienda, de casa de la modista a la del sastre, del calzado a la ropa blanca, del guante al abanico, al parasol a los encajes y siempre así... Los vestidos soberbios, admirablemente amoldados al cuerpo fino de Carmen. La Casa Worth ejecutó maravillas, tanto en sus telas como en sus combinaciones. Llamó sobre todo la atención un vestido de baile de *gros* brillante de color muy suave, verde nilo; sobre una falda que se ampliaba hacia abajo corrían anchos volantes de riquísimo encaje de Bruselas; el mismo encaje en blondas más angostas, adornaba el corpiño escotado y las manguitas cortas.

"Por fin todo llegó al hotel; los *fournisseurs* se sucedían unos a otros; los objetos y vestidos se recibían, se pagaban sin demora y se empaquetaban en seguida en las maletas para Chile".

Todas esas presunciones, sin embargo, debían terminar de la manera más dolorosa.

El regreso del viaje fue desgraciado. La joven esposa contrajo un grave mal y casi deshecha en su frágil contextura, fue desembarcada en Valparaíso para llegar a morir en la casa de la familia en Santiago.

Hasta entonces la morada de don Maximiano en la capital había sido una vieja casona colonial en la Alameda cerca de Manuel Rodríguez, bien mantenida y arreglada, no carente de alegría en sus patios y en el huerto del fondo. Pero era necesaria una mansión consecuente con la fortuna acumulada y las obligadas relaciones sociales. Se propuso, entonces, erigir un palacio, como refiere Amalia: "Parecía que todo trabajo era poco para mi padre y que su mente y su imaginación no hallaban suficiente campo de donde ejercer su potencia. Le vino entonces la idea de hacer edificar una casa que fuera de gran estilo y magnas proporciones, pudiendo contener en ella y presentar como convenía la espléndida colección de objetos traídos en su último viaje y mal colocados o perdidos en la antigua casa colonial. No fue vanidad ni ostentación lo que inspiró a mi padre esta idea; fue la necesidad que sintió siempre de hacer trabajar y discurrir su propio espíritu. Buscó a un arquitecto italiano llamado Chelli y, con un hombre de profesión que le daba las líneas, se puso a elaborar él mismo los planos para la nueva casa".

El palacio, actual Embajada del Brasil, resultó de grandes dimensiones y suntuoso.

Un cuerpo lateral daba entrada bajo un arco a un *cour d'honneur* adoquinado para el ingreso de carruajes. Salones y pasillos amplios, la sala de música y el comedor permitieron desplegar las pinturas y objetos artísticos. Cada hijo tuvo un departamento con todas las comodidades y en el terreno trasero, que abarcaba más de una cuadra —no existía la calle Alonso de Ovalle— se trazó un jardín inglés con prados, boscajes y unos pocos *parterre,* de acuerdo con aquel estilo abierto que busca reproducir la naturaleza. Desgraciadamente, el propietario, tan amigo de buscar la coherencia en el estilo, decidió más tarde cambiarlo a la modalidad de las villas italianas, de acuerdo con las características del edificio. El parque se transformó entonces en un cuadro vegetal de líneas rectas y simétricas, setos recortados y cipreses esmirriados, forzando a la naturaleza a entrar en cánones fríos y racionales.

Construido el palacio, don Maximiano Errázuriz sintió agudizarse una contradicción interior que venía experimentando desde hacía tiempo. Había obtenido toda la riqueza y el bienestar deseable; pero la muerte de su primera y de su segunda esposa habían tronchado la felicidad terrenal. Por otra parte, palpaba cómo desde la modestia propia de su ser se había ido deslizando a la banalidad. La miseria moral del ser humano y la pobreza de tantos que veía a su alrededor, repercutían en su espíritu profundamente cristiano y humanitario.

Hacía ya algún tiempo que había prometido a dos hermanas suyas, monjas del Carmen, que "se desprendería de tantos negocios para poner todo su cuidado en el *único,* que es la salvación del alma".

Buscó desde entonces la tranquilidad de Panquehue para alejarse algo de los negocios y del trato mundano empleando su esfuerzo en un trabajo desafiante.

Si las tierras de la hacienda no eran útiles por sus turberas, podían serlo para los cultivos y con esa idea en la cabeza procuró hacerla productiva. Hizo desbrozar el campo, extraer las piedras y eliminar los espinales. El terreno fue nivelado y mediante un largo canal llevó el agua de riego, que se distribuyó por acequias trazadas con método perfecto, quedando irrigadas 875 hectáreas.

Su propósito fue elaborar vinos, a imitación de don José Tomás Urmeneta y tal como lo había visto en su hacienda de Limache. Con ese fin sacó cepas francesas de allí e hizo una plantación de 300 hectáreas. Posteriormente, ya en manos de su hijo Rafael, los viñedos llegaron a 700 hectáreas y el área regada a 3.000.

La plantación fue un modelo de trazado, bien cuidada y ordenada y mostraba a las claras cómo un empresario eficaz podía manejar los elementos de la naturaleza.

Don Maximiano también hizo construir galpones para la elaboración de los caldos y bodegas subterráneas, sólidas y espaciosas, cuyas vasijas podían contener seis millones de litros. Pensando radicarse permanentemente en la hacienda y quizás con qué planes familiares, que el destino suele siempre torcer, erigió una mansión de estilo pompeyano con su correspondiente parque.

Algunos años más tarde, en 1893, cuando Panquehue ya había sido heredada por Rafael Errázuriz, fue visitada por la oficialidad del navío español *Nautilus* por gentil invitación del dueño de acuerdo con el gobierno. Impresionado el comandante de la nave, Fernando de Villaamil, por la recepción y el estado de la hacienda, tuvo cuidado de recordar todo en su relato del viaje, que ahora nos permite visitar la propiedad junto con él y apreciar el fruto dejado por don Maximiano: "Todo en esta fiesta tuvo un carácter grandioso e imponente. Desde nuestra llegada a la estación férrea próxima a Panquehue, hasta la finca, fuimos en cómodos carruajes, escoltados por un gran número de huasos que montaban briosos caballos, banderas españolas y chilenas adornaban la entrada en los pequeños pueblos que forman parte de la posesión, viéndose a todos sus habitantes en actitud de acatamiento a las órdenes que sin duda se les había comunicado".

"La vid y su cultivo constituyen el objeto principal de los trabajos que dan fama a Panquehue; y digo fama porque, en realidad, pocas personas pueden pasar por Chile sin que sus ojos se fijen en la etiqueta que llevan la generalidad de las botellas que contienen el vino más común y rico en este país".

Después de elogiar las instalaciones y la perfección de la técnica, Villaamil nos introduce a los honores gastronómicos y estéticos: "El día que nos proporcionó el señor Errázuriz fue completo. Hubo dos excursiones para visitar la finca en su vastísima extensión, faltando tiempo para que los inteligentes diesen, a los que no lo somos, explicaciones acerca de las muchas riquezas que en artes bellas contiene la casa-palacio de Panquehue".

"Según supe por el mismo señor Errázuriz, sus antecesores sentían como él verdadera afición por esos productos tan estimados por cuantos aman lo bello, y que sólo poseen quienes disponen de una gran fortuna. En dos oportunas ocasiones había comprado en Europa cuadros y otros ricos objetos de gran mérito, con lo cual logró reunir en esta casa-palacio un verdadero museo, siendo, sin duda alguna, lo más admirable el salón de pinturas, que, instalado en un edificio separado de la casa, sirvió de comedor, tanto en el almuerzo como en la comida que allí se nos ofreció".

"No sé fijamente cuál debe ser el decorado más apropiado para las paredes que formen el comedor de un hombre que puede permitirse toda clase de placeres y satisfacciones; seguramente que cerca de este particular habrá muy distintas opiniones, si bien todas coincidirán en que haya lujo en cuanto produzca el mejor contento al espíritu. Pero de mí sé decir que sentí verdadera satisfacción aprovechando los momentos no exigidos por la materialidad del acto de comer para contemplar los cuadros, cuya vista me producía singular admiración y placer".

"Música que sonaba a conveniente distancia, flores que perfumaban la atmósfera de aquel local, bellísimos cuadros que hallaba la vista al separarla del rico manjar o del vino legítimo, y una conversación amena, fueron los elementos que mi buena suerte me deparó aquel día para hacer de tal almuerzo uno de los que recuerdo con completa satisfacción".

Don Maximiano llevó una vida menos ostentosa que su hijo. En Panquehue no habitó el palacio, sino que se contentó con vivir en la casa de la administración, menos pretensiosa y quizás más acogedora, con sus típicos corredores chilenos y flanqueada por un parrón de madera.

La adaptación a una vida modesta concordaba con una creciente preocupación del dueño de Panquehue por los pobres, cuya miseria y postración moral les sumía en una situación desesperada. Se interesó, entonces, por los círculos de obreros católicos, que en Francia y Alemania se impulsaban con éxito y que en Chile algunas personalidades procuraban llevar adelante después de un primer fracaso. Para tener información adecuada escribió a su hijo Rafael, entonces en Bruselas, y que tenía su misma preocupación, solicitándole información y el envío de libros y folletos.

Esos círculos, originados por el pensamiento social católico, que comenzaba a tomar forma, buscaban el mejoramiento moral y cultural de los obreros para guiarlos a una vida arreglada y a la práctica de las virtudes cristianas. Todo ello en armonía con los patrones y en beneficio común.

Errázuriz en sus preocupaciones iba mucho más allá y terminó entregando parte importante de sus esfuerzos a cuidar de sus campesinos en sentido moral y material. Dotó a sus inquilinos y peones, que eran varios cientos, de viviendas sólidas e higiénicas, formando poblados de calles bien trazadas y enmarcadas por la sombra de los acacios. Erigió una capilla, que luego fue parroquia y creó escuelas, además de una cancha de palitroques y otra de pelota.

Cuando el cólera azotó el país, dispuso que las habitaciones de los campesinos fuesen aseadas minuciosamente y una vez que se desató el mal llevó religiosas de San Felipe para atender a los enfermos, y él mismo socorría de noche a los que mandaban por ayuda. Para ese efecto tenía junto a su cama un botiquín y un farol.

Los huérfanos que dejó el cólera merecieron su especial consideración. Treinta de ellos fueron conducidos a Santiago para ser colocados luego en diversas escuelas y recibiendo buena alimentación y asistencia en sus enfermedades. Mantuvo en la hacienda, además, un grupo de monjas para el cuidado y ense-ñanza de los más pequeños y de las niñas.

Esas obras eran conocidas sólo por los beneficiados. Ni sus hijos se enteraron.

En esos afanes transcurría su vida cuando en 1890, a los cincuenta y ocho años de edad, una enfermedad breve puso término a su vida.

Falleció en la casita de la administración y bajo su ropa se encontraron algunos cilicios que habían mortificado su cuerpo.

Una vida tan intensa y significativa pareciera bastar como ejemplo de la existencia burguesa; pero es indispensable referirse a algunos de los hijos para completar la imagen.

Los hijos de Errázuriz

La formación de los niños fue muy rigurosa con el propósito de formarlos no sólo en la cultura, sino también en su personalidad y en el espíritu religioso. Los tres varones fueron colocados a su debido tiempo en un internado inglés para recibir una de las educaciones más estrictas de la época.

El mayor, José Tomás, hombre de aspecto adusto y de pocas palabras, fue pintor y vivió en París y Londres dentro de un estilo de gran señor. Sus cuadros son de alto valor. En algunos de ellos es evidente la influencia del impresionismo, cuando esa tendencia recién nacía, aunque Errázuriz no llegó a desprenderse de la fidelidad a la figura en aras de la atmósfera. En todo caso, ésta fue también sugerente en algunas de su obras. En ciertas telas hay reminiscencias estilísticas tan diversas como la de Manet y Pissarro.

Autorretrato de José Tomás Errázuriz.

Casó con Eugenia Huici, *madame* Errázuriz o la *belle chilienne,* que por su hermosura y espiritualidad animó muchos círculos de la alta sociedad. Ambos participaron, además, de la vida intelectual en el ambiente artístico y literario. En su casa se reunían Apollinaire, Blaise Cendrars, Strawinsky, Fernand Leger, Juan Gris, John Sargent y Picasso. Ella fue pintada por Sargent y mereció un boceto de Picasso.

Guillermo, inteligente y bondadoso, cultivó la poesía y a pesar de ocuparse de negocios mineros en el norte, fue también un asiduo de la vida francesa. Junto a otros amigos fue uno de los fundadores de la revista literaria *La estrella de Chile.* Contrajo enlace en la Ciudad Luz con Blanca Vergara, futura dueña de Viña del Mar, y falleció en edad temprana.

Rafael, el menor de los hijos, el heredero de Panquehue, tuvo importantes actuaciones políticas entre ambos siglos. Fue senador, ministro de Estado y representante en la Santa Sede. No obstante ser un oligarca, tuvo sensibilidad social. Las visitas que hizo a los círculos de obreros en su juventud, antes que su padre le solicitase información, son un síntoma de su interés. En sus actuaciones públicas propuso ciertas iniciativas interesantes, como el aumento de la contribución de haberes y la creación del impuesto a la renta, porque en su opinión la fortuna privada no estaba gravada suficientemente. Estimaba que el Estado debía intervenir en la solución de los más agudos problemas sociales. "¿Es posible —se preguntaba en 1904— que en este país, donde hay dinero para todo género de abusos, derroches y despilfarros, se diga que no hay dinero para subvenir a las premiosas necesidades de los desvalidos?".

Como ministro del Interior le tocó aquel mismo año designar y presidir la Comisión Consultiva del Norte, encargada de informar sobre las condiciones de vida de los trabajadores y la relación con el capital, dando fuerte impulso a sus labores. Debió, sin embargo, abandonar el país por otras circunstancias y, como es sabido, las tareas de la Comisión no condujeron a nada positivo.

También fue partidario de la conversión metálica para sanear la situación económica que, en sus palabras, no se hacía porque no se quería.

Curiosamente, pensando en la libertad individual, fue contrario a la ley de instrucción primaria obligatoria.

Fue un hombre refinado, amante de la literatura y del arte, que conocía en profundidad. Escribió, además, diversos artículos y algunos libros sobre sus viajes, empleando un estilo sencillo y sin afectación de ninguna especie.

El más notable de los Errázuriz Urmeneta fue, sin embargo, Amalia, un espíritu realmente superior en quien se acumularon todas las virtudes: belleza, inteligencia, bondad, modestia y prudencia, con el agregado de una cultura elevada y una enorme fortuna, todo ello traspasado por el más auténtico espíritu cristiano. Ni siquiera faltaron las desgracias para la grandeza de su alma. Formada en el ambiente severo de su hogar, con acentuada influencia de su abuela Rosario Valdivieso y de *miss* Young, sin contar el papel decisivo del padre, todo se unía para abrirle un camino de éxito.

La familia formaba a sus hijos para la vida mundanal y también para las virtudes hogareñas y los valores cristianos.

Una de las hijas de Amalia ha recordado su educación, desde la pulcritud en el vestir a los modales y el respeto a los demás y también la parte artística e intelectual. La historia, la literatura y la religión fueron las disciplinas escogidas, que orientaron las enseñanzas de la institutriz y las lecturas realizadas en común.

"A los estudios más serios —anota la hija— se añadía la música. Amalia estudiaba el piano y el canto. Sus dedos finos y largos corrieron sobre las teclas con una ligereza y precisión extraordinarias; sus ojos adivinaban los compases y los tonos de manera que tocaba a primera vista con maestría; estas dotes le hicieron eximia para acompañar en el piano a otros instrumentos... ¡Con cuánta emoción recordámosla tocando a cuatro manos con algunas de sus hijas, las sinfonías de Beethoven y de Mendelssohn, de una manera brillantísima y vigorosa que sorprendió a los visitantes, sólo un mes antes de morir!

"*Miss* Young no descuidó tampoco las labores de mano; ella que tejía siempre para los pobres, que tejía leyendo y vieja, casi ciega, continuaba tejiendo calcetas y mitones para los sacerdotes pobres, enseñó a Amalia a trabajar con sus manos para los necesitados y practicar así la bienaventuranza de vestir al desnudo. Fuera de eso, la ejercitaba en obras finas de bordado. Nadie podrá decir que ha visto a Amalia con las manos ociosas. Concluía en una labor y principiaba otra, y sus hijos vieron siempre los dedos de su madre —si no manejando la pluma— tirando de la aguja, cruzando con puntos la esterilla o moviendo los palillos para tejer la lana, o con el hilo, hacer largos encajes de paciencia que ella misma unía al lino blanco y firme del alba del sacerdote o del mantel del altar.

"La educación de Amalia habría sido incompleta si no se la hubiera puesto temprano en contacto con los seres desgraciados de la vida. Habríase acostumbrado a vivir en un mundo irreal, en un nimbo de belleza pero también de egoísmo. Mas, no fue así, porque la inteligencia de la maestra atendía a todo. *Miss* Young conducía periódicamente a su alumna a los hospitales, la familiarizaba allí con los sufrimientos humanos más agudos. La animaba a llevar a esas casas de dolor palabras dulces de piedad y consuelo, manjares, libros y objetos de distracción y recreo".

En plena juventud, Amalia se unió en matrimonio con Ramón Subercaseaux Vicuña, un hombre ejemplar y de virtudes similares a las de ella. Era, además, un excelente partido como hijo de Subercaseaux Mercado, cuya riqueza heredaría en parte. Confluían, así, una vez más, las fortunas burguesas.

Los esposos, junto con sus hijos, realizaron diversos viajes a Europa por placer o asuntos de negocios y también con mo-

Amalia Errázuriz de Subercaseaux.

tivo de la designación de él como representante en las cortes de Berlín y Roma.

En uno de esos viajes, residiendo en París, la felicidad se vio perturbada por la muerte de uno de los hijos y luego la invalidez creciente, la ceguera y finalmente la muerte de una de las hijas, que por su carácter parecía destinada a ser otra criatura escogida. Siete años duró ese martirio, sobrellevado por la enferma y toda la familia con resignación y dulzura.

Esas desgracias hicieron renacer en Amalia su poderosa fe y en adelante procuraría concentrar su vida en la dicha del hogar y las prácticas cristianas. Había dejado de interesarle París y la misión diplomática en Alemania, que duró cinco años, se le hizo pesada, sufriéndola sin quejarse para no contrariar al marido. Don Ramón también amaba lo chileno y quiso que sus hijos creciesen gustando del país. Refiere una anécdota que de regreso de un viaje a Europa el barco en que venía recaló en

Lota y se bajó con un amigo a echar un vistazo, no obstante que arreciaban el viento y la lluvia. En la vara de un negocio estaban atados dos caballos, verlos, cambiar una mirada de inteligencia y abalanzarse sobre ellos, fueron todo uno. Salieron disparados en una carrera loca y luego de unas cuadras regresaron para dar explicaciones al par de huasos que ya se creían despojados por los futres.

En definitiva, la vida de los Subercaseaux Errázuriz transcurrió de preferencia en la chacra del Llano, que les cupo en herencia. Adquirieron, además, la hacienda de León de Nos.

El Llano era un lugar realmente hermoso, que unía el carácter de la vida citadina con la del campo, según las añoranzas de Julio Subercaseaux Browne: "lo que más recuerdo de esa época encantadora era la belleza del parque lleno de rosas, a la vera de todos los caminos, que sumaban más de un kilómetro; había unas rosas amarillo encendido que mi abuelo Subercaseaux Mercado había hecho venir de China; tenían olor a té y eran las únicas en Chile. Todos los caminos tenían una moldura de fresas blancas por un lado y coloradas por el otro, así que a cada rato íbamos a llenar canastillos de esa preciosa fruta. El trinar de los pájaros al amanecer, que los había en abundancia, es un grato recuerdo que no se olvida. La casa era muy bonita, traída por mi abuelo de los Estados Unidos; estaba abajo y en lo alto rodeada por un corredor muy ancho con baldosas de escoria metálica que producían un ruido y un olor peculiarísimo. Estaban las paredes pintadas de un azul claro y por los pilares de fierro de los corredores subían enredaderas de multiflor, plumbago, madreselva, jazmines y pluma".

En la paz del hogar, junto a sus hijos los esposos Subercaseaux Errázuriz tuvieron tranquilidad para cultivar aún más su espíritu. La música, la lectura y las obras de caridad fueron las actividades preferidas de ella, mientras don Ramón, un pintor consumado, pudo manejar a gusto los pinceles y aunque fue sólo un aficionado, alcanzó gran perfección. Una de sus telas más interesantes es "Los diques de Valparaíso", concebida en un gris azulino interrumpido por los planos agresivamente blancos de los diques. Pintada en 1885, es notable por los espacios cuadriculados, en los mismos momentos que en Europa Paul Cezanne comenzaba a descomponer en parches los paisajes de Provenza, lejano antecedente del cubismo.

Don Ramón practicaba también la interpretación musical en violín y cuidó en forma directa el parque de la chacra, sin contar los trabajos agrícolas en sus dos predios.

A edad avanzada redactó sus extensas *Memorias de ochenta años,* fácil y atractivo recuerdo de su vida, en las que inútilmente se buscaría un rastro de vanidad. Amalia, por su parte, vació sus recuerdos en un "Cuaderno de familia" que, guardado en una gaveta, sólo estaba destinado a los suyos.

Si eso no es "el discreto encanto de la burguesía" no sabemos qué pueda ser.

Por último, digamos que los dos hijos más destacados fueron fray Pedro Subercaseaux, el célebre pintor benedictino, y monseñor Juan Subercaseaux, notable en su calidad humana y su señorío.

En la existencia de don Maximiano Errázuriz y de sus hijos hay algunos aspectos que afloran continuamente y que terminan por orientar su conciencia. Rodeados de la opulencia, tuvieron acceso a una vida mundanal deslumbrante, al poder y la alta cultura. Sin embargo, satisfecha la curiosidad y palpado a plenitud ese tipo de existencia, sintieron la necesidad de la convivencia familiar, la modestia del recogimiento y del cultivo de las virtudes cristianas y del arte.

El continuo ir y venir entre Chile y Europa, desintegró a la familia a pesar del deseo de algunos de ellos de mantenerse reunidos. Rafael se lamentaba en 1885 de que José Tomás y Eugenia Huici deshiciesen su casa en Chile, porque significaba

Taller de pintura de
don Ramón Suberca-
seaux en la quinta de
el Llano.

el traslado definitivo a París, donde una estancia prolongada era perjudicial, según su experiencia. Pocos años después, Amalia, que se encontraba a orillas del Sena, escribía en términos parecidos a Rafael, a la sazón a orillas del Mapocho: "La tranquilidad en que vivo aquí me deja mucho tiempo para pensar en cosas serias y algo que me preocupa es el deseo de hacer algún bien en Chile. Nos entretenemos haciendo proyectos para nuestra vuelta; ojalá ésta no tarde mucho y que en lugar de encontrarte a ti con tus maletas prontas, te encontremos tranquilamente pensando en establecerte. La *escuela de danzantes,* ¿nunca parará de moverse? Es de esperar que algún día cese esta fiebre de viajes y que la edad madura les traiga el juicio de ver que no hay felicidad como la de la vida siempre igual, en su casa con sus ocupaciones fijas".

La decisión de don Maximiano de vender la mansión de la Alameda para recluirse en Panquehue, siendo un propósito de alto sentido moral, afectó aún más a la cohesión familiar, como escribió Rafael, desde Viena, a su padre: "Las noticias que me da en su carta son harto desconsoladoras y yo estaba muy lejos de esperarlo así. Como usted puede comprender, la venta de la casa que, a esta fecha debe haberse verificado, me causó una sorpresa muy dolorosa y me hizo pasar malos ratos en mi soledad. Debo decirle que me hizo el efecto de la muerte de algunas personas queridas a quien yo echaría mucho de menos a mi vuelta...

"Justamente el día antes de recibir su carta, en que yo estaba muy preocupado con la próxima llegada del correo, me había llevado pensando con mucha tristeza y aun lo había anotado en mi diario, de la falta de hogar que nosotros teníamos, por no tener madre, que es el centro de la familia. Usted había perdido ya todo interés por estar en Santiago y mis hermanos casados constituían ya una familia del todo independiente. El mayor encanto, que era la unión de todos alrededor de un centro, faltaba por completo...

"Puedo asegurarle al mismo tiempo que en muchísimas ocasiones pagaría cualquier cosa por encontrarme cerca de usted, y de los demás de mi familia, porque hay tantas veces que uno se fatiga de la soledad y de la perpetua indiferencia y echa de menos los cuidados y atractivos que pueden proporcionar sólo el cariño...

"Como yo le decía en una de mis últimas, la cantidad de fortuna no es para mí gran cosa, con tal de que tengamos lo suficiente para darnos gusto y que no haya compromisos [deudas]".

La opinión de Rafael sobre la riqueza era la misma de su padre, que éste le expresó en una oportunidad al darle consejos sobre los negocios. A su parecer, entre los peores figuraban los de la Bolsa, porque en ellos se iba tras la plata ajena, y le manifestaba a continuación el deseo de que ninguno de sus hijos "se preocupase demasiado con la ambición de tener mucho dinero y se convenciesen de que ya tenían más de lo preciso para tener la felicidad que se puede deber a la plata". Y agregaba: "Si Dios quiere seguir dándoles más por la marcha natural de sus negocios, que sea sólo motivo de preocuparse más para invertirlo haciendo el bien".

Renacía en esas palabras el espíritu anterior al gran capitalismo, conservado en algunas familias de vieja raigambre. El capital tenía un fin moral: no era una riqueza para crear riquezas indefinidamente.

La consistencia ética de la familia y su espíritu caritativo fueron demasiado sólidos para creerlos simple efecto de la abundancia y de un desprendimiento de excedentes, que no podían afectarla. El ser humano, por regla general, tiende a acumular sin fin sin peocuparse mucho de los demás. Pero en este caso la actitud era diferente y tiene una doble explicación.

Por una parte el espíritu religioso de la familia fue muy acendrado y conformó su conducta en todo momento y, en segundo lugar, la muerte les asedió sin tregua, llevándose a seres íntimos y sumiéndolos en el dolor. En ellos pesó implacable la verdad tan repetida de la insignificancia de los bienes terrenales y sus pompas.

La verdadera dicha estaba en la vida corriente y en el cumplimiento del mandato divino.

Regreso de un trasplantado

Pensar que una clase social es homogénea en sus valores y su manera de ser, no es más que una simplificación. El caso de los Errázuriz y algunos otros es un buen ejemplo, pero es indudable, a la vez, que hay características predominantes y que el tiempo marca unas más que otras. En los círculos burgueses de Chile, junto a hombres activos, empresarios diligentes y escrupulosos padres de familia, se mueven personajes inconsistentes, preocupados del buen vivir.

El sentido de conciencia y responsabilidad del viejo estilo se diluye poco a poco en las décadas finales del siglo XIX y un desenfado alegre y cínico se extiende por las capas superiores, en un fenómeno influido por el modelo europeo y la formación recibida por los jóvenes. Había una incapacidad para percibir el mundo en su realidad y asumir un papel sólido en él.

Esta vez el escenario es la isla Orrego en la desembocadura del Maule, frente a Constitución, casa de don Rafael Orrego, comerciante en grande de frutos del país, con bodegas y barcos, infatigable en los negocios y en la lucha contra las inundaciones del río y los peligros de la solapada barra. Es verano y numerosos familiares y amigos que aprovechan largas vacaciones están sentados en cómodas sillas bajo un eucalipto gigantesco. El río ofrece una vista encantadora y la conversación discurre espiritual.

En el grupo se encuentra Alberto Blest Bascuñán, hijo de su padre el célebre novelista, que esa tarde enderezó por las confidencias personales, según recuerda Luis Orrego Luco. No hacía mucho que su familia le había enviado desde París para incorporarlo a una vida definitiva.

"Mis padres me han dado una formación de millonario —dijo—. Pero se olvidaron de darme los millones. Un día quisieron devolverme a Chile y me dieron una carta especial para mi tío Domingo Fernández Concha. A mi tío Domingo le gustaba aconsejar. Cuando me vio me dijo: "De cuando en cuando es conveniente, hijo mío, que vistas la esclavina y te cuelgues el escapulario para concurrir a las procesiones portando una vela en la mano. Ésta debe ser tu conducta en Santiago.

"Me dio, además, instrucciones y cartas para obtener trabajo en una oficina salitrera de Tarapacá. Con esto y las recomendaciones que me dio mi madre al partir: de cortejar discretamente a alguna de mis primas, pude salir de apuros, asegurándome, por lo menos, junto con su mano, el puchero y la felicidad. ¿Con cuántos circunloquios y rodeos logró decirme todo esto mi madre? Pero en los colegios de París yo había aprendido muy bien a tocar el piano, algo de literatura y muchas canciones de moda del *boulevard*.

"Había conocido, además, toda clase de *cocottes*. Con una de ellas había logrado fugarme a Burdeos, siguiendo el itinerario de sus compromisos teatrales. En Inglaterra, aprendí un excelente inglés, tenis y el gusto por beber *whisky and soda*.

"Con semejante educación, trajes muy elegantes, polainas blancas, corbatas a la moda, junto con una colección de sobretodos ingleses, muy cortos, de colores beige y gris, los míos imaginaron que estaba en condiciones de afrontar con éxito en Chile el trabajo de las salitreras, donde, según afirmaban sus amigos ingleses, iba a llegar pronto a ser riquísimo.

"Después de marearme bastante durante la larga travesía, vía estrecho de Magallanes, llegamos a Lota. Allí, un empleado de las minas de doña Isidora Goyenechea, amiga de mi madre en Europa, vino a bordo a saludarme y a invitarme a almorzar a nombre del señor Benjamín Squella, administrador general. Pero este buen hombre junto con extenderme la invitación me dijo: "Nunca me hubiera imaginado que el autor de *El ideal de un calavera*, fuera tan joven.

"No soy el autor, precisamente, de *El ideal de un calavera*, pero soy el calavera ideal... —tuve que contestarle.

"Bajamos después al espléndido parque de Lota, uno de los parajes más hermosos del mundo. Cruzamos infinitos jardines, tapizados de flores escogidas, llenos de árboles umbrosos, entre los cuales, a cada momento, veía aparecer la lámina azul radiante del mar. Era un rincón del paraíso, y mi alma se ensanchó de esperanzas, agradeciendo la buena idea de mis padres, al enviarme a tierra tan divina. Por lo demás, constaté que el señor Squella, hombre maduro, lucía una elegancia británica; era un hombre alto, atrayente y fino. En resumen, un buen mozo con grandes maneras.

"El almuerzo fue opíparo, regado con excelentes vinos y tras ellos vinieron unos magníficos habanos *Villar y Villar,* cuyo humo comenzó a subírseme a la cabeza en aquella soñada tierra de millones y millonarios.

"Cuando llegue a Santiago pensé, pues, que mi fortuna estaba hecha. Fui alojado en casa de mis parientes, una suerte de isla sagrada rodeada de santos y bendiciones por todas partes. Tuve que ir a la misa del domingo, levantándome, contra mi costumbre, a las once de la mañana, un verdadero madrugón para mí. Más tarde, cuando vino el momento, concurrí a una procesión religiosa, cargando el correspondiente velón junto a mi tío que portaba una de las barras del anda. ¡Ay! Nunca me he sentido más ridículo y miserable cubierto con la esclavina eclesiástica, entonando cantos sagrados, en vez de mis canciones favoritas *Je suis gigolo* y *La maitresse de papa.*

"Así comenzaron a esfumarse mis sueños de fortuna y mis ilusiones de matrimonio ventajoso con parientes ricas.

"En aquella terraza frente al Maule reíamos con la narración de Albertito. Se detuvo para dejar expansionarse nuestra alegría y luego siguió: "En Santiago, yo me había presentado con mis últimos trajes y elegancias de Paris, introduciendo la moda de los sobretodos cortos y las polainas blancas, los cuellos muy altos y la flor en el ojal. Al poco tiempo yo era el ídolo de la juventud santiaguina. Arturo Cousiño, Pedro Herzel, Rafael Blanco y Carlos Concha Subercaseaux, fueron mis íntimos amigos, sin contar a Gregorio Ossa que me invitó a las primeras cenas en compañía de bailarinas, con las cuales me exhibía como lo había hecho en París. Pero mi reputación de buen partido se iba perdiendo. Los salones que se me abrieron de par en par, al principio, como hijo del Ministro en Francia, comenzaron a cerrarse, y las señoras devotas al pasar a mi lado hacían un gesto como si olieran el azufre del Averno.

"A todo esto el dinerillo traído de París, junto con mis elegancias, iba desapareciendo rápidamente. En vez de las remesas que esperaba, sólo recibía cartas con amonestaciones que repetían el comentario escandaloso sobre mi conducta, expedido desde Santiago, y que yo devolvía calificándolo de calumnioso ante mis padres.

"Por fin me decidí a utilizar una carta para una importante oficina salitrera. Allí tendría asegurado un empleo rentado en moneda esterlina, casa y gastos pagados.

"Partí, pues, a Iquique, suspirando, pero con la esperanza de llegar a ser hombre de provecho y enriquecerme pronto. Ya me casaría con alguna linda muchacha de sociedad, cuyos padres no me exigieran el uso de la esclavina, ni vela en las procesiones.

"Pero de pronto vi lo que era una salitrera, es decir, un vastísimo establecimiento con valiosa maquinaria, en plena pampa, llena de *rotos* que sacaban el salitre en tachos y lo conducían a inmensos estanques, en medio de un sofocante calor, durante el día, y un frío gélido por las noches. Yo era un prisionero allí entre jóvenes ingleses; debía vestir el *smoking* a la hora de comer y beber *whisky* copiosamente. Luego debía levantarme a las cinco de la mañana para trabajar, yo que no había salido nunca antes de mediodía de la cama. Sentí que iba a enloquecer y, realmente, enfermé. ¡Para este tipo de vida me habían enseñado piano, bailes de salón y can-can!".

Después de la experiencia en el desierto, paréntesis inútil de la vida, el joven Blest regresó a Valparaíso y luego a Santiago, para correr con amores desafortunados, seguir en malos pasos y encontrarse, al fin, pobre, desesperado y enfermo. No pudo conseguir ni un buen enlace. Hubiese trabajado por cualquier dinero y tuvo que continuar como un rastacuero en su propio país.

Cuando estuvo en la isla Orrego, su enfermedad —la corporal— estaba muy avanzada y únicamente las inyecciones de morfina le daban ánimo para reírse de todos y de sí mismo.

Al poco tiempo murió.

El predominio de la oligarquía

Es preciso referirse ahora al tiempo oligárquico de la burguesía, tan claramente marcado después de la Guerra Civil en 1891 y que se diluye entre choques a partir de 1920.

La designación, una vez más, puede ser discutible porque podría seguirse hablando de burguesía o preferir el de plutocracia. Si hemos escogido oligarquía es por su definición idiomática y por las características que sugiere, tan apropiadas al período en referencia. Es la más alta clase social, vinculada a los grandes negocios y que maneja el poder público. Ya no es tanto una burguesía, como podía entenderse hasta el siglo XIX, su período de culminación en todo el mundo y porque el vocablo, cogido por los predicadores sociales y la vocinglería política, pasa a incluirse en los gritos de guerra, con todas las estridencias conocidas.

Tampoco nos hemos inclinado por el término plutocracia por ser demasiado tajante para definir a la clase más encumbrada como dueña de la riqueza. Una clase es más que eso.

Por supuesto que nos basamos en las categorías históricas más que en las sociológicas.

La oligarquía chilena, como nos la entrega el término del siglo XIX es una clase que ha consolidado su riqueza y disfruta de ella con holgura, practicando incluso la "cultura del ocio" como han señalado Barros y Vergara. La caída de los precios agrícolas, el descenso en la ley de los minerales cupríferos y la competencia del cobre extranjero en el mercado mundial frenaron grandemente los negocios. En adelante serían necesarias inversiones de monto muy elevado para aumentar la producción de cobre por las dificultades técnicas, que sólo pudieron ser financiadas por las compañías norteamericanas. Un fenómeno parecido se produjo en la agricultura, en que la ampliación del área regada demandó la construcción de canales de larga extensión y obras costosas que las fortunas privadas no podían enfrentar, recayendo en el Estado su financiamiento.

El aporte del salitre a través del presupuesto fiscal, más la participación de algunas empresas radicadas en Chile y la demanda de insumos y alimentos, en un rubro que no fue simplemente un enclave, fueron los principales agentes de la economía nacional. Se dependió del nitrato y la oligarquía pudo mantener buenos negocios mediante contratos con el Estado, el uso de los depósitos fiscales en los bancos, el manejo del crédito, la depreciación del papel moneda y la especulación financiera. Tampoco deben olvidarse algunos rubros de producción que vivían bajo el amparo de un proteccionismo bastante significativo, incluidas industrias livianas de producción de alimentos y textiles, fundiciones de cobre y de hierro y maestranzas. Debe tenerse en cuenta que la exportación de productos chilenos, fuesen materias primas, alimentos o bienes manufacturados, estaba exenta de derechos y que también estaban exentos o tenían una baja carga tributaria las materias primas, máquinas y herramientas. Por el contrario, pesaban altos impuestos sobre ciertos productos que hacían competencia a los nacionales.

El manejo de la economía del país fue orientado por la oligarquía en beneficio propio a través de aspectos fundamentales que son muy conocidos. Ahí se encuentra, por ejemplo, toda la política monetaria y crediticia, con la irresponsable emisión de billetes de banco, la presión para establecer la inconvertibilidad, la continua devaluación monetaria, el beneficio con la inflación y la postergación de la conversión. El Estado fue usado en provecho propio valiéndose de gobiernos débiles e incapaces para superar las circunstancias.

Todo ello además de la falta de escrúpulos o la más rotunda inmoralidad en los negocios privados: engaños, estafas, quiebras

Crepúsculo lluvioso en la Alameda, óleo de Alberto Orrego Luco de 1898. El urbanismo y la arquitectura de la época burguesa dieron un estilo coherente al centro de la capital de acuerdo con los cánones europeos.

fraudulentas, especulación, audacia en el juego de la Bolsa y también el agio.

Mientras tanto, las clases asalariadas se sumían en la miseria con todas sus secuelas.

Había pasado el tiempo de las empresas esforzadas y heroicas; la existencia se presentaba fácil para la oligarquía y había que vivirla en plenitud.

Existe una gran diferencia entre los primeros empresarios, pioneros y exploradores acostumbrados al sacrificio, las andanzas por huellas polvorientas bajo el sol abrasador o las jornadas monótonas en las faenas, y las generaciones siguientes, nacidas en la holgura, con todas las comodidades de Santiago y Valparaíso, que reciben fortunas ya formadas y que pueden manejar fácilmente sus negocios.

En el plano político, la oligarquía obtuvo, después de 1891, la anulación de la autoridad presidencial, creándose la situación ideal para disponer ella del poder sin la cortapisa de un Ejecutivo fuerte. Desde el Congreso, y actuando sobre los partidos y la prensa, pudo imponer su voluntad y no ser perturbada en sus negocios. La falta de gobierno y el interminable juego político llenaban el escenario de la vida pública, distrayendo la atención a cuestiones que, por último, no la afectaban. Ahí se ventilaban con liviandad los grandes problemas nacionales sin voluntad de solucionarlos.

La caracterización de una clase social no es sencilla. Si bien los aspectos mencionados pesan sustancialmente en el sistema global, también es cierto que hubo familias e individuos que obligan a matizar un tanto la situación.

Los casos ya presentados de los Errázuriz y los Subercaseaux, con ser las excepciones más destacadas, representan actitudes algo más extensas de lo que se cree. En ellos hay un sentido de responsabilidad, a pesar de la gran riqueza, y una conciencia que no está de ningún modo adormecida. Pero ella se presenta, conforme al horizonte mental de la época, como expresión del espíritu de beneficencia y de la caridad cristiana.

En su modo de ser está ausente la liviandad y hay un tono de modestia que contrasta con la riqueza y el papel distinguido que desempeñaron. Eran los últimos rasgos del viejo estilo.

En ellos es notoria también la cultura intelectual, que tampoco fue tan rara o virtualmente inexistente como afirman Barros y Vergara. La verdad es que la preocupación por las diversas manifestaciones fue bastante generalizada, sea por la educación humanística, los viajes a Europa o la costumbre de leer. Hasta un casquivano como Enrique Balmaceda, hombre de muchas lecturas, era capaz de emocionarse hasta las lágrimas con *La dama de las camelias* y la historia real de Alfonsina Duplessis, sin que faltase la visita a la tumba en Pére Lachaise.

En un campo absolutamente yermo no habrían florecido escritores, artistas y mecenas como Augusto Orrego Luco, Luis Orrego Luco, Alberto Orrego Luco, Pedro Balmaceda, Alberto Blest Gana, Guillermo Blest Gana, Guillermo Matta, Federico Varela, Juan Agustín Barriga, Adolfo Valderrama, Zorobabel Rodríguez, Máximo R. Lira, Pedro Nolasco Cruz, Vicente Reyes, Pedro Lira, Luis Arrieta Cañas, Inés Echeverría y muchos otros que olvidamos. Habría que hacer también una estimación del apretado batallón de intelectuales de diversas áreas y peso personal.

Hay que reconocer, en todo caso, que esa preocupación se fue desvaneciendo a medida que avanzó el siglo actual. Es otro aspecto del paso de burguesía a oligarquía.

Personajes de la cúspide

Nos valdremos nuevamente de un caso para retratar la situación. Esta vez se trata de los descendientes de Francisco Subercaseaux, el francés avecindado en La Serena en el siglo XVIII, que luego hizo una buena cantidad de dinero en la minería. Provenía, aquél, de la *petite noblesse et bonne bourgeoisi*. Fue el padre de Ramón Subercaseaux Mercado, que lo fue, a la vez, de nuestro conocido Ramón, y de Francisco, de quien nos ocuparemos ahora.

Al amparo de la gruesa fortuna paterna, Francisco Subercaseaux Vicuña inició la construcción de la suya, que luego fue aumentada por herencia hasta alcanzar un nivel aceptable. Los negocios giraron en torno al Banco Mobiliario, relativamente pequeño en el conjunto, del que era socio importante. El año 1878 adquirió certificados salitreros en el Perú, que ya se encontraban a bajo precio. Los retuvo hasta después de la guerra haciendo un magnífico negocio, aunque por un monto no tan elevado como John North. Esa circunstanda le permitió controlar el Banco, cuyas operaciones se centraron principalmente en sus negocios personales. Poseyó, además, diversos fundos.

Con los años, el capital suscrito fue ampliado y los negocios, extendidos a Europa, permitieron la venta de acciones a instituciones crediticias de Francia y de México. De hecho, las operaciones en París y Londres fueron atendidas personalmente por Subercaseaux, que residió por larguísimos períodos a orillas del Sena.

La principal oficina estuvo en Valparaíso y la gerencia en Santiago. Una característica propia fue la de ser la institución de crédito que controló las únicas compañías salitreras de propiedad chilena, seis en total.

Francisco Subercaseaux se casó con Juana Browne y Aliaga, hija del hombre de negocios y gerente en Valparaíso de la casa Huth, Grunning y Cía. Ella entroncaba con la aristocracia limeña por el lado de su madre, incluido el ex presidente Manuel Pardo, quien tenía negocios en Chile.

Las relaciones de parentesco fueron muy extensas, no habiendo casi familia del alto sector con la que los Subercaseaux no estuviesen ligados. Uno de los descendientes se ufanaba en decir que sus hijos eran parientes de "todo Chile".

El personaje aludido no es otro que Julio Subercaseaux Browne, hijo del banquero, que tuvo el mismo oficio y cuyas *Reminiscencias* nos ayudarán a seguir su propia vida.

Nacido en 1870, contaba con doce años de edad cuando la familia se trasladó a París por seis meses, que al fin fueron dieciocho años para sus padres.

La instalación en un departamento de la avenida de la Ópera ha sido descrita con detalle por Subercaseaux Browne: "tenía una entrada especial con una escalera monumental de piedra, fierro y bronce, con tapicerías en los descansos, que nos dejaron por concesión especial; los *vitreaux* eran preciosos. Arriba había un vestíbulo alargado, escritorios, tres salones y el comedor que daba sobre una baranda, con surtidor de agua y cubierta de flores; también había un billar que daba a ese conservatorio y que se utilizó como dormitorio para Fernando y para mí. La sala de baño (pues no había más que una) tenía unos azulejos preciosos y una bañadera de plata. Había un departamento compuesto de un salón morisco, destinado a *fumoir* y dos piezas más.

"La 'recepción' del departamento era grandiosa; mucho oro y seda en las decoraciones y los techos eran pintados por el famoso pintor Baudry.

"El resto del mes de julio se pasó en amoblar el departamento; me suenan entre los tapiceros los nombres de la casa Krieger y un señor Rodríguez, del Louvre. Encuentro que en

María Lyon de Cousiño, óleo en el estilo magnificente de Lazslô, el cotizado pintor de la realeza y la nobleza europea.

esa época reinaba muy mal gusto en los amoblados; había muchas cortinas con repliegues, mucho peluche. Las alfombras eran bonitas, de Smirna, con fondo colorado o azul, de la casa Braquenié y la de Savennerie. Los servicios de mesa preciosos, de las casas Christophe, Bacarat y Pillivuyt; recuerdo uno de color salmón, copia del servicio diario de las Tullerías.

"Hubo también que elegir la servidumbre muy variada: una mucama española, llamada Manuela, un cochero semiyanki, Prosper; un *valet de pied* francés, un *maitre d'hôtel* alsaciano, un cocinero italiano muy bueno y su ayudante. Se mandaron a hacer también en casa Sutton, el *habit at a la française* para el valet; verde con vivos rojos y botones de plata, un chaleco listado verde y rojo; el traje del cochero con pantalón largo en invierno, botas en verano y los capotes grises para el cochero y el *valet de pied*. Se mandaron a hacer también donde Million Guiet un coupé, una victoria y un *landeau* con la caja enjuncada".

Instalados como grandes señores, en lugar de quedarse tranquilos, se fueron los Subercaseaux de inmediato y por seis semanas a las termas de Vichy. Ese fue uno de tantos viajes, que se alternaron a menudo y les llevaron en distintas ocasiones a Londres, Alemania, Austria, Suiza e Italia y, dentro de Francia, repetidamente al veraneo en Dauville.

Uno de los viajes más curiosos, entre varios que efectuaron a Gran Bretaña, fue el realizado a Escocia, con cuyo propósito arrendaron un coche salón en el ferrocarril, que debido a un malestar de la madre fue desenganchado en cierta ciudad del trayecto y les esperó hasta el día siguiente.

La vida parisina pasó a ser la existencia estable de la familia. El padre representó los negocios del Banco Mobiliario, efectuó transacciones variadas con empresarios y capitalistas franceses e ingleses y participó en el juego de la Bolsa de París. Invirtiendo el orden normal de las cosas, mantuvo un agente en Chile al frenté de las oficinas, que fue su pariente Melchor Concha y

Toro, parlamentario y ministro de hacienda, además de banquero y terrateniente. Eventualmente viajó a Chile por asuntos de
negocios y de familia.

Nuestro memorialista, durante su adolescencia fue colo-
cado en un colegio del que era sacado en cualquier momento
para un viaje por aquí o por allá. Con todo, pudo terminar sus
estudios y pasar a los cursos de leyes en la universidad.

La vida social realizada en Europa no pudo ser más intensa.
Cultivaron el trato con personajes de la oligarquía francesa, ricos
sudamericanos, chilenos y parientes, que siempre abundaban.
Las comidas en los restaurantes y los hoteles, el departir con los
demás, sin apuro y en una vida fácil que no tenía el apremio del
dinero, formaba gran parte de la existencia. En las casas, tanto
allá como en Chile, se "recibía" constantemente, casi a diario y
había que rendir los honores en el mejor estilo. Los caballeros
concurrían de frac y las señoras con lujosos vestidos de noche,
la conversación corría espiritual y bien cuidada; pero el mayor
de los encantos era la gastronomía. Toda familia que se preciase
debía tener un eximio *chef de cuisine* y ofrecer los platos más re-
finados y originales, que obligadamente tenían nombre francés.
Los postres eran muy elaborados, los vinos del *château* tal o cual y
los *champagnes* de fama. Fue entonces cuando Julio Subercaseaux
adquirió un desproporcionado sibaritismo, que luego mantuvo
en Chile con prodigalidad. En sus *Reminiscencias* lo que más llama la atención es la alusión continua al arte gastronómico en las
casas, incluida la suya, y los restaurantes.

Para amenizar aún más la vida, los Subercaseaux organizaron
unos *dinners dansants* todos los sábados para ocho niñas y ocho
jóvenes, con tal éxito que luego se agregaron personas mayores.
Una buena orquesta ponía la música, siendo dirigida nada menos
que por Waldteufel, el célebre autor de valses, que dedicó, además, una de sus composiciones a *madame* Subercaseaux, así como
Rossini había dedicado una aria a la abuela Magdalena Vicuña.

En los ajetreos de la vida social, Julio Subercaseaux tuvo oportunidad de conocer a algunas celebridades; al príncipe de Gales, futuro Eduardo VII, que a la espera del trono llevaba una existencia de gran vividor, en el mejor estilo burgués, a vista de toda Europa; también Isabel II, la destronada reina de España; lady Randolph Churchill, esposa del primer ministro inglés, y uno de sus hijos, Winston, que concurrieron a un almuerzo ofrecido por Eugenia Huici de Errázuriz a lo más granado de la nobleza británica y francesa, el *smart set*.

Mención especial merece una entrevista con Oscar Wilde, que en el momento de encontrarlo estaba con el pintor norteamericano James Whistler. El discutido esteta se interesaba por conocer las posibilidades de la literatura hispanoamericana y entonces estaba concluyendo *El retrato de Dorian Gray* y ya tenía en la cabeza *El abanico de lady Windermere*.

La vida de los Subercaseaux no era enteramente vacua. El padre logró sembrar el cariño por la literatura, el teatro y la ópera, en esa extraña mezcla de placer íntimo y exhibición mundana, que ha constituido la cultura de las oligarquías. En la Ópera tenían arrendado un palco, por el que desfilaron todas las bellezas chilenas y otras amigas, determinando que los concurrentes le denominasen *le tramway fleuri*.

Después de algunos años la familia requirió de una nueva vivienda. Fue una magnífica casa de sobrio estilo Luis XVI. Escalera monumental, muros de piedra con vitrales enormes. Tres salones con *panneaux* cubiertos de sederías y profusos dorados. Un gran comedor cubierto de *boiseries* de ébano tenía salida a una terraza sobre un vasto jardín. En el segundo piso había un escritorio y varios dormitorios, cuya distribución se repetía en el tercer piso. En el cuarto había una sala de billar y seis piezas para los empleados. El subsuelo era ocupado por una espléndida cocina y otras instalaciones, mientras que el departamento del portero se situaba a la entrada y disponía de un salón para recibir a las visitas mientras se las anunciaba por citófono.

Al fondo del patio estaba el segundo cuerpo del edificio, con caballerizas para ocho caballos, una cochera para diez coches, cuarto de arneses y seis piezas para empleados.

Más tarde se trasladaron a otra casa, en el número 7 de la *rue Tivoli,* frente a *l'Étoile.*

La juventud se había iniciado para Julio Subercaseaux en medio de gran esplendor. Habiendo aprobado el bachillerato, se le vistió como hombre, según recuerda: "Me mandé hacer en Londres un frac, *smoking,* levitas y jacquettes; fuera de los vestones y trajes de *sport.* Me abrieron una cuenta donde un buen sastre de Londres, Binnie and Croggs, el que me vistió durante veinte años, y que tenía la particularidad de no pasar nunca cuentas. En el Carnaval de Venisse para las camisas, cuellos y pañuelos; en Boivin, para la ropa interior; Lincoln Bennet para los sombreros, y la gran tienda de Treulett para corbatas y calcetines... también completaron mi indumentaria regalándome una perla para prendedor de corbata, una herradura de oro con esmeraldas para el mismo objeto, y tres juegos de colleras completas, en cabochones de esmeraldas, ópalos y turquesas.

Pocos años después, al licenciarse en leyes, los padres le regalaron un *rally car* y un precioso alazán y contrataron para él un *groom* inglés, que le serviría lealmente toda la vida. Además, le instalaron en un departamento propio junto a la casa.

Por entonces cayó en la tentación de obtener un título de nobleza para poder pretender a una hermosa joven ecuatoriana cuyo padre deseaba un enlace con noble. Averiguó que no era difícil revalidar algún título en España pagando los derechos y rindiendo las pruebas suficientes, pudiendo escoger entre varios que estaban ligados a su madre por la familia Aliaga. Comenzó a reunir papeles y cuando todo estuvo preparado, comunicó la idea a su padre. Entonces ardió Troya, porque el progenitor, con criterio más sólido, lo trató de mentecato y le expresó que sería el hazmerreír de Chile, donde su apellido era conocido y respetado y no había para qué cambiarlo. Menos aún por uno peruano y a través de una abuela insana.

Si no nos engañamos, el episodio retrata el oportunismo social del joven y el orgullo del padre por el apellido burgués mantenido en forma digna.

Era el momento dorado en la vida de Julio y con él llegó el amor definitivo. En París conoció a Marta Aldunate Echeverría, una joven belleza hija del político, parlamentario, ministro de hacienda y economista Luis Aldunate. Para el matrimonio se hizo un viaje especial a Santiago, la luna de miel fue en París, pero en definitiva la pareja se estableció en Chile.

Desde entonces, Subercaseaux Browne pasó a tomar un papel directivo de primer orden en el Banco, mientras su padre seguía residiendo en París y ocasionalmente visitaba Chile. El manejo del Banco fue muy acertado y la fortuna de la familia y la personal fueron para arriba. El período de mayor esplendor fue el de comienzos de siglo, hasta que la depresión de 1906 envolvió al Banco y cundiendo la desconfianza en sus operaciones, quizás injustamente, se prefirió liquidarlo, contratándose para ese efecto al ex presidente don Germán Riesco.

Las pérdidas fueron cuantiosas. El padre, en un gesto de gran dignidad, siendo sólo accionista y no miembro del directorio, por lo tanto sin estar obligado, entregó las haciendas de El Tártaro, Lo Vicuña, Catimbao, Corneche, Monte Blanco, Chaihuin, Quintrilpe, Ercilla, Selva Oscura y Chalaco, para ayudar a saldar deudas. El propio Julio Subercaseaux, reembolsó al Club Hípico, que dirigía, una considerable suma por la pérdida de un depósito de aquella institución, que él había dispuesto. Tampoco tenía obligación de hacerlo; era un gesto de delicadeza, a pesar de que gracias a él las finanzas del Club habían mejorado en forma notoria.

Esa actitud de los Subercaseaux, huella de la antigua honradez, aristocrática y burguesa, contrasta con la falta de escrúpulos de los empresarios de entonces.

En todo caso, la familia no cayó en la ruina.

Durante los años de auge, Julio Subercaseaux hizo construir bajo su personal vigilancia una mansión estilo Luis XV que fue concluida por el arquitecto Alberto Cruz Montt. Fue levantada en la plazuela del Teatro Municipal junto a un palacete gemelo destinado a una hermana. La casa resultó hermosa y grácil, dotada interiormente de barandas y pasamanos de hierro trabajados artísticamente en Bélgica. Es la actual sede del Banco Edwards, que en la parte delantera ha conservado una hermosa construcción con una rotonda, el departamento del portero, entonces situado a la entrada del jardín. Ahí se refugió la familia durante el terremoto de 1906, mientras salía aterrorizado el público del teatro con una comparsa de demonios de la ópera Fausto de Gounod.

Todo el alhajamiento de la casa vino de Francia y se completó una servidumbre para todas las funciones.

Otra gran mansión fue erigida en la hacienda de las Majadas de Pirque, propiedad del padre, siendo escogido el estilo Francisco I.

Desde los años en Francia, Julio Subercaseaux se había inclinado apasionadamente por las carreras de caballos, siendo un asiduo de Longchamp. Una vez en Santiago, formó parte del directorio del Club Hípico. Formó un haras en Pirque y un corral en el Club mismo, dedicándose a importar excelentes reproductores y formar crías de fina sangre, llegando a generar gran parte de los caballos de carrera del país y obteniendo también los principales premios. Una estupenda adquisición fue Alcázar, de figura no muy noble, pero insuperable en las carreras de largo recorrido. Con él ganó en el Sporting Club de Viña en forma sorprendente una carrera

Carreras de caballo en el Sporting Club de Viña del Mar, año 1891.

de 2.400 metros, obteniendo altas sumas en las apuestas y un premio respetable.

El entusiasmo fue explosivo, repartió gruesas propinas y en los salones invitó a todos los socios y amigos hasta agotar el champagne del casino.

Pero eso no fue todo. "Para celebrar nuestro triunfo —recuerda en sus memorias— encargamos a nuestros amigos Palito Larraín y Juan Magalhaes —que eran reconocidos expertos en el exquisito *savoir vivre*— que organizaran una fiesta cuyo recuerdo perdura. Efectivamente, por espacio de muchos años sólo se hablaba de la comida de Alcázar.

"Juan Magalhaes nos prestó su quinta de Ocho Norte, que acondicionó primorosamente para la atención de más de cien convidados, integrado por lo mejor de la política, la diplomacia, el comercio, la hípica y las fuerzas armadas.

"No se omitieron gastos de ninguna especie, pues del premio de mil libras esterlinas, no sobró un solo centavo. Llevamos al *maître d'hâtel* del Club de la Unión, con sus mejores mozos, al cocinero de Gage, la orquesta de Dvignino y una banda de música de la Armada. La fiesta duró hasta la salida del sol".

La vida transcurría sin preocupaciones y el tiempo sobraba. Fue quizás por estas razones, por curiosidad y por deseos de alcanzar mayor influencia en los negocios, que Julio Subercaseaux decidió incursionar en la política.

Desconocía la realidad del país, no tenía experiencia en el uso de la palabra y hasta su dominio del castellano era defectuoso por la larga estancia en Europa. Era un verdadero "trasplantado", como lo reconocía y se lo expresó también el presidente Errázuriz Echaurren: "Usted y su mujercita son unos trasplantados en medio de estos huasamacos de Chile".

Sin muchas consideraciones ingresó al Partido Conservador, porque el programa era de su agrado y porque en él habían militado y seguían militando varios parientes. Se ganó allí la buena voluntad de don Domingo Fernández Concha, figura destacada del partido, que a poco andar le ofreció una diputación por Carelmapu. No debía preocuparse por los desembolsos, porque el candidato a senador sufragaría los gastos. Además, el compañero de campaña, don Juan José Mira, "muy caballeroso y digno", le manifestó que no necesitaría moverse de Santiago, pues él haría la gira política por ambos.

El éxito fue completo: obtuvo la primera mayoría.

Con hechos de esa índole crecía la cartera política del Banco Mobiliario, aspecto que interesaba mucho, según las propias anotaciones de Subercaseaux: "teníamos en nuestra mano cerca de tres mil votos correspondientes a los inquilinos de nuestros fundos o los que teníamos en arriendo y administración. Tal era la influencia electoral que poseía el Banco ante sus clientes".

Sería imposible encontrar un testimonio más elocuente del sistema oligárquico para manejar su enorme hacienda que era Chile.

En diversas partes de sus *Reminiscencias,* el banquero, *turfman* y político se muestra complacido con su época. Al comenzar su escrito, lo presenta como la historia de una persona "que tuvo la dicha de conocer el último tercio del siglo XIX, esa época maravillosa, sin pobreza ni inquietudes, que nos dio a conocer *la joie de vivre,* creando un ambiente incomparable que nos permitió como dice Schopenhauer, 'vivir a impulsos de los sentimientos y no de las ideas', procurándonos una existencia plácida, aunque un tanto pagana y un bienestar tranquilo, exento de penas y complicaciones".

En otro fragmento anota: "¡Dichosos tiempos!... Para viajar no se requerían pasaportes ni gabelas de ninguna especie. El salitre pagaba con creces los gastos del Estado, y el fisco no se preocupaba ni metía en la vida privada de las gentes; en una palabra, vivíamos en jauja".

Eran los tiempos en que la situación de las masas asalariadas alcanzaba niveles patéticos por la miseria y la opresión del sistema social y político. Años de las matanzas, por la huelga de los estibadores en Valparaíso, por la huelga de la carne en Santiago y por la huelga salitrera de Tarapacá con el horroroso episodio de la Escuela Santa María en Iquique.

Una vez más el testimonio de Subercaseaux resulta sorprendente por la inconsciencia. Pareciera sintetizar todas las contradicciones sociales de la época, el egoísmo y la miopía de la oligarquía.

No representa un testimonio aislado, sino que coincide con muchas otras fuentes, aunque es probablemente la más clara y rotunda.

La dinámica ascendente de la burguesía se había agotado. Dejaba de ser el sector que había marcado el rumbo de la nación sin contrapeso. Su papel económico carecía de creatividad y en lugar de promotora de grandes rubros de producción se había transformado en aprovechadora de la riqueza del nitrato, de la política monetaria y del manejo del crédito.

Sus antiguas luchas doctrinarias en torno a la libertad política y la libertad de conciencia habían perdido su razón de ser y su vacío no había sido llenado por ningún programa. Los problemas que le preocupaban eran simples cuestiones de guerrilla política, zancadillas, admirar o denostar un discurso parlamentario, luchar por tal o cual prebenda y librar reñidas elecciones con abundancia de recriminaciones.

Perdido el sentido ético, el alto sector se encerraba en su ambiente perfumado y hermoso, sin querer saber nada de un mundo que cambiaba aceleradamente y con signos violentos. Tan espesa era esta nube rosada que uno de los portavoces más inteligentes y respetados de la oligarquía, Enrique Mac-Iver, declaraba en tono triunfal que la cuestión social no existía en Chile.

El divorcio entre la realidad y la conciencia no es sólo un defecto de la percepción, es, antes que nada, un mecanismo de defensa sicológica que confía de manera irreflexiva en la permanencia del sistema. Puede ser también, una suerte de fatalismo que se complace en las liviandades del momento porque se intuye vagamente que todo está perdido de antemano.

Sea como fuere, la burguesía había alcanzado la cúspide de su trayecto, marcado por el uso pleno de la riqueza y el poder, cercano ya el derrumbe. Aunque éste sería sólo parcial y lo enfrentaría adaptándose, mimetizándose y empleando resortes ocultos a la espera de una oportunidad fortuita.

Historia Social de Chile y América
Rolando Mellafe

Historia andina en Chile
Jorge Hidalgo Lehuedé

Historia de Chile. Compendio
Osvaldo Silva Galdames
Sergio Villalobos R.
Patricio Estellé
Fernando Silva

Historia de la minería del hierro
en Chile
Augusto Millán U.

Historia de la minería del oro en
Chile
Augusto Millán U.

Historia de la pediatría chilena
Nelson A. Vargas Catalán

Historia de las Ideas y de la Cultura
en Chile. Tomo I Sociedad y
cultura liberal
Bernardo Subercaseaux

Historia de las Ideas y de la Cultura
en Chile. Tomo II. Fin de siglo: la
época de Balmaceda
Bernardo Subercaseaux

Historia de las Ideas y de la Cultura
en Chile. Tomo III. El centenario y
las vanguardias
Bernardo Subercaseaux

Historia de las instituciones
políticas y sociales de Chile
Jaime Eyzaguirre

Historia del vino chileno
José del Pozo

Ideario y ruta de la emancipación
chilena
Jaime Eyzaguirre

Introducción a la Religiosidad
Mapuche
Rolf Foerster

Introducción al estudio de los
insectos de Chile
Luis Peña G.

Jesuitas y Mapuches: 1593-1767
Rolf Foerster

La Contrarrevolución de la
Independencia en Chile
Cristián Guerrero Lira

La exportación minera en Chile
1800-1840
Luz María Méndez Beltrán

La fronda aristocrática en Chile
Alberto Edwards Vives

La minería metálica en Chile en el
siglo XIX
Augusto Millán U.

La tierra de Hotu Matu'a. Historia
y etnología de la Isla de Pascua
P. Sebastián Englert

Las Mariposas de Chile. The
butterflies of Chile
(Edición Bilingüe)
Alfredo J. Ugarte P.
Luis Peña G.

Las aguas de Santiago de Chile.
1541-1741
Gonzalo Piwonka

Las estancias magallánicas
Juan Benavides
Marcela Pizzi
María Paz Valenzuela
Mateo Martinic

Las regiones de Chile
Alfredo Sánchez
Roberto Morales

Para una meditación de la Conquista
Sergio Villalobos R.

Portales, una falsificación histórica
Sergio Villalobos R.

Prehistoria de Chile
Grete Mostny

Universidad y Nación. Chile en el
Siglo XIX
Sol Serrano

Nuestra inferioridad económica
Francisco A. Encina